テーマで歴史探検

著 河合 敦
絵 さじろう

朝日学生新聞社

はじめに

歴史は、人名や事件など、覚えることがたくさんあって苦手だという話をよく聞きます。でも、その考え方は正しくありません。大好きなゲームのキャラクターなら、たとえそれが数千あっても、名前だけでなく特徴やアイテムまですんなり覚えてしまうはずです。私たちは、興味のあることはおのずと記憶でき、関心のないことは頭に入っていかないようにできているのかもしれません。ですから、歴史が苦手という人は、もともと歴史への興味関心がうすいのです。興味のないものをひたすら暗記するのは、だれだって嫌だし、やる気が起きませんね。

ただ、歴史を知らないというのは、あなたの人生にとって大きな損です。歴史には人類の英知や教訓がつまっていますし、必ず、今起きていることと同じような出来事が、過去にも起こっているからです。ですから、歴史を知ることは、あなたの将来に大きなプラスになるのです。

「でも、そうはいっても教科書は面白くない」。そんな声が聞こえてきそうですね。そこで、この本では、学校の授業では習わないような興味深い歴史を取り上げてみました。

どんなことがらやモノにも歴史は存在します。この本では、城、すし、犬、日本刀、化粧、歌舞伎、服装、色、トイレなど、みなさんが興味を持ってくれそうなテーマを切り口にして、縦割りに歴史を語っていこうと思っています。

犬の歴史やトイレの歴史なんて、教科書には絶対載っていませんね。でも、ひとつのことがらをテーマにして歴史を見ていくと、驚くような発見があるのです。

たとえば、銅。今、日本は１００％海外から輸入していますが、かつては銅の輸出国でした。とくに、鎖国した江戸時代、中国（清）の銅銭の原料は、ほとんど日本産の銅を用いていたのです。もし、日本からの輸出がストップしたら、中国の貨幣経済は崩壊してしまっていたかもしれません。国を閉ざしていた時代に、そんな大量の銅が掘られていたなんて信じられないかもしれませんが、これは事実なのです。

このように、本書では、ユニークなことがらやモノをいくつも取り上げ、驚きの事実を紹介しています。きっと、歴史嫌いの人も、この本を読めば興味を持ってくれると確信しています。歴史好きの人は、もっと歴史が好きになってくれるはずです。

２０１６年８月

河合　敦

もくじ

この本は『朝日中高生新聞』2014年4月～2016年3月連載の「テーマで歴史探検」を増補、再構成しました

銅の歴史①

卑弥呼の鏡、最古の貨幣、奈良の大仏…
もとは黄金色　祭器や権力の象徴に

身近な金属の金、銀、銅。この中で最初に日本で産出され、大量に使われた金属は何でしょう？

正解は銅です。銅の使用は弥生時代にさかのぼります。儀式で使う祭器が銅を原料としてつくられたのです。ただし、純粋な銅ではなく、すずなどを混ぜた青銅という合金でできていました。

銅剣や銅鐸と聞くと暗い緑色を思い浮かべるでしょうが、使われていた当時は黄金色にキラキラと輝いていました。現存する青銅製の祭器はどれも発掘品なので、さびて緑に変色しているのです。

◆

古墳の副葬品として発掘される鏡も銅製です。銅鏡には中国でつくられたものと日本でつくられたものがありました。鏡は貴重で、鏡を持つことで周囲に権威を示すことができました。邪馬台国《やまたいこく》の女王・卑弥呼《ひみこ》も、魏《ぎ》（中国）の皇帝から銅鏡を１００枚もらっています。銅鏡は単に顔や姿を映す道具ではありませんでした。

卑弥呼の鏡は「三角縁神獣鏡《さんかくぶちしんじゅうきょう》」だったのではないかといわれていますが、この鏡について興味深い事実が判明しました。京都国立博物館が３Ｄプリンターで三角縁神獣鏡を正確に復元して光をあてたところ、反射して壁に映った光の中に、鏡の裏の文様がはっきりと浮かびあがったのです。

もちろん科学的に説明がつく現象ですが、当時の人々は驚いたはず。こうした不思議な現象を利用して、卑弥呼は人々をうまく統治していたのかもしれま

せんね。

日本最古の貨幣も銅製でした。和同開珎《わどうかいちん》ではありませんよ。天武天皇の時代につくられた富本銭《ふほんせん》が最古の貨幣だといわれています。平安時代初期までに製造された貨幣の原料は、主に銅でした。和同開珎は平城京をつくるとき、労働者に払うために鋳造されたようです。当時、労働の対価は布や米で払われていましたが、財政難だった朝廷が貨幣をつくってそれに高い価値を持たせ、労働者に与えたのです。

銅は仏像の素材にもなりました。日本最古の仏像・飛鳥寺釈迦如来像《あすかでらしゃかにょらいぞう》も銅製です。でも、金銅仏の代表といえば奈良の大仏ですよね。正確には東大寺盧舎那仏《とうだいじるしゃなぶつ》といいますが、残念ながら奈良時代に創建された当時の部分はごく一部しか残っていません。

この高さ十数メートルの大仏をつくるため、５００トンもの銅を使いました。大仏づくりは７４３年に始まり、完成式典（開眼供養会）は７５２年におこなわれました。

大仏は未完成でしたが、仏教の伝来から２００年目にあたると考えられていたうえ、大仏の鋳造を命じた聖武天皇の体調が悪く、生きているうちの式典開催を望んだからだと思われます。式典には天皇、皇族、貴族のほかにアジア各地から約1万人の僧侶も集まり、盛大なイベントになりました。

銅の歴史②

室町時代までは中国などから輸入

江戸期から輸出増　鉱毒被害も

平安時代、平清盛《たいらのきよもり》は宋《そう》（中国）から銅銭を輸入して流通させようとしました。銅銭を一手に輸入して流通させることは、貨幣の鋳造権を握ることと同じ。お金の発行権を独占して経済を支配しようとしたのかもしれません。

◆

鎌倉時代に元《げん》（モンゴル）が日本に2回襲来し、大きな被害を与えました。元寇《げんこう》（蒙古《もうこ》襲来）です。これで元との国交が断絶したと思うかもしれませんが、そうではありません。幕府が認めたうえで民間交易がおこなわれ、大量の銅銭が輸入されました。それは1323年に中国を出港し、日本に向かう途中で沈没した船の積み荷からわかります。積み荷の調査は1976年に始まり、陶磁器や紫檀《したん》という高級木材とともに800万枚の銅銭が発見されました。

室町時代には3代将軍・足利義満《あしかがよしみつ》が日明《にちみん》貿易を始め、大量の銅銭が入ってきます。中世の日本は、中国の銅銭で貨幣経済が成立していたのです。

◆

江戸時代になると、それまでとは立場が逆転します。鎖国中でも、オランダや中国（明、清《しん》）とは交易し、多くの金、銀、銅を輸出したのです。中でも銅の輸出量は多く、18世紀前半に清でつくられた銅銭は、なんと原料の6～8割が日本産だったのです。

また、長崎からの船がオランダのアムステルダムに着くと、現地では銅の相場が下落したといいます。バ

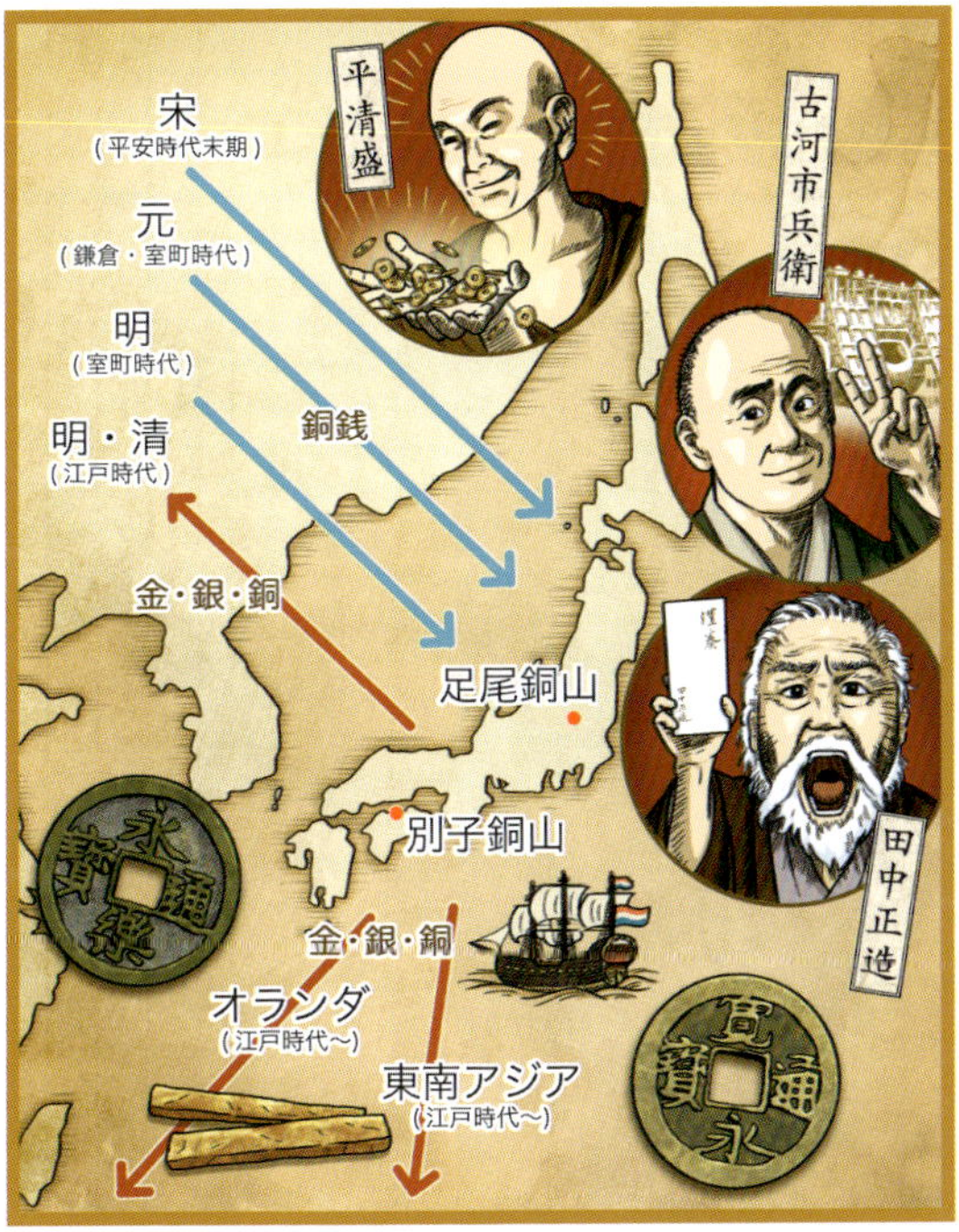

リ島（今のインドネシア）からも当時つくられた寛永《かんえい》通宝《つうほう》が発掘されていて、清やオランダの船によって、江戸時代に東南アジアへも銅銭が伝わったことがわかっています。いったい日本のどこからそんなに大量の銅が産出されたのでしょうか。

それは主に別子《べっし》銅山（今の愛媛県）です。別子の銅を大阪に運び、純度99％で鉛筆のような形の棹銅《さおどう》に加工し、長崎に運んで輸出しました。

◆

明治時代、銅を最も多く産出したのは足尾《あしお》銅山（栃木県）です。江戸時代から栄えていましたが幕末に産出量が激減しました。しかし、足尾銅山を買い取った古河市兵衛《ふるかわいちべえ》は大量の銅が眠っていると考え、欧米から最新の採掘機械を導入します。読みはあたり、採掘量は増加の一途をたどりました。

銅を採掘すると、鉱毒という有害物質が出ます。足尾銅山から出た鉱毒は、下流の渡良瀬川《わたらせがわ》に流れ込みました。洪水では鉱毒をふくんだ水があふれ、流域の田畑に大きな被害が出ました。栃木県の衆議院議員・田中《たなか》正造《しょうぞう》は銅山の操業停止を議会で求めましたが聞き入れられず、明治天皇へ直訴を試みたものの失敗しました。

◆

第2次世界大戦後は銅の産出量が減り、海外の安い銅に押され、1990年代に日本の銅山はすべて閉山しました。今は銅の100％を輸入に頼っています。

卑弥呼の「魔鏡」の仕組み

三角縁神獣鏡の鏡の面に光をあてると、壁に模様が映し出されます。江戸時代にも、隠れキリシタンが、こうした仕組みで十字架などが映し出される鏡を使っていたといいます。

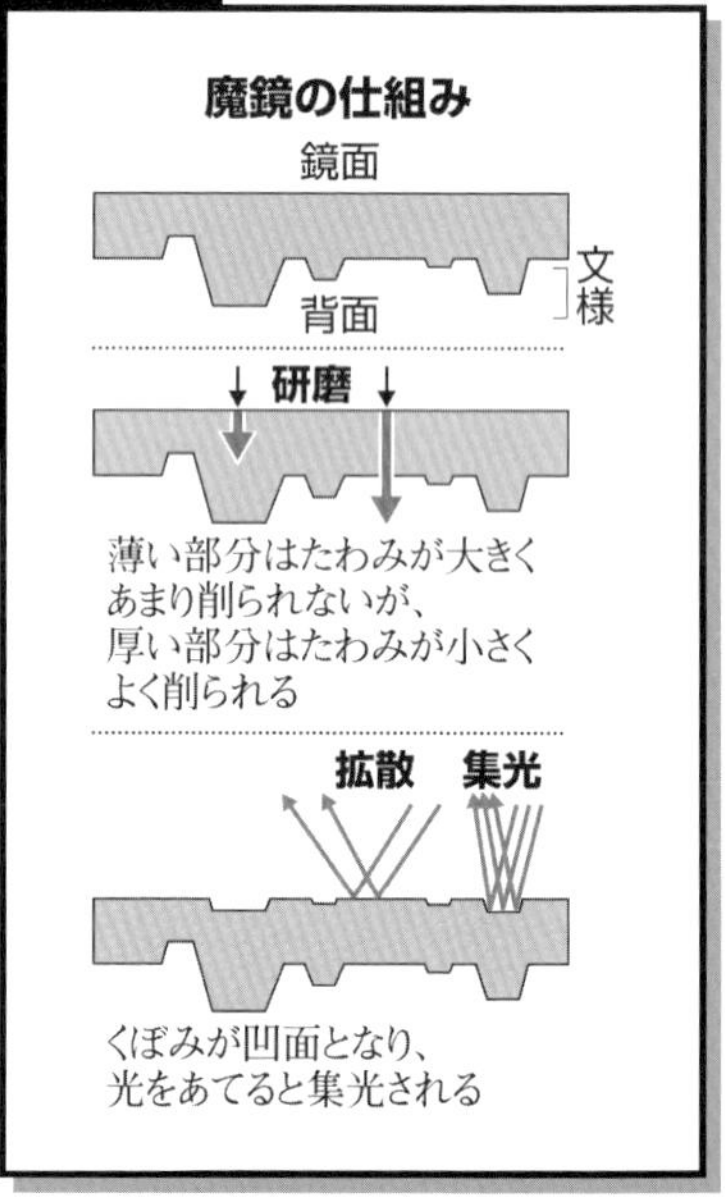
魔鏡の仕組み
鏡面
文様
背面
研磨
薄い部分はたわみが大きく
あまり削られないが、
厚い部分はたわみが小さく
よく削られる
拡散
集光
くぼみが凹面となり、
光をあてると集光される

卑弥呼は魔鏡の仕組みを利用して人々を統治したのかもしれないね

写真と図版はすべて©朝日新聞社

昔と今の足尾銅山

足尾銅山は約360年間採掘され、1973年（昭和48年）にその役目を終えました。

1884年（明治17年）

古河鉱業足尾銅山精錬所。1884年には、日本一の産銅量になり、明治20年代には国内生産の4割ほどを占めるようになりました。

足尾銅山の鉱毒問題解決に力を尽くす

田中正造

1901年（明治34年）、明治天皇に直訴しようとしたがかなわなかった。

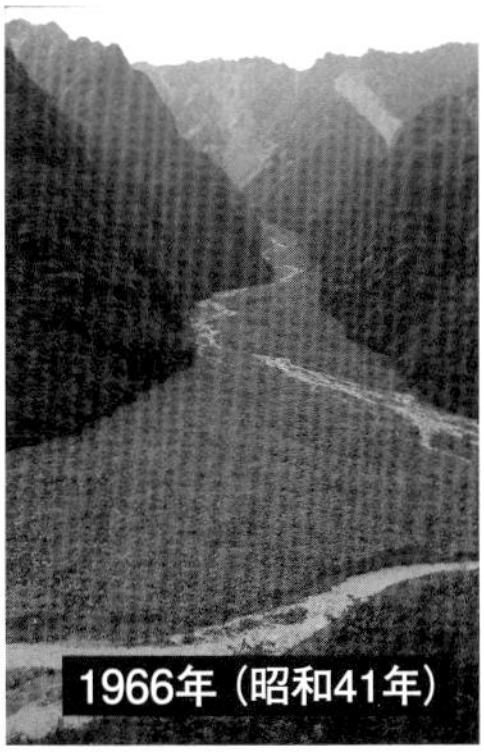

1966年（昭和41年）

大雨が降り、山の頂から泥水が蛇行して流れ出しました。

2007年（平成19年）

足尾銅山跡のようす。精錬所のシンボルだった巨大な煙突が残されています。

仏教1

蘇我氏vs.物部氏　仏教受容めぐり対立

平和思想で盛んに　政治にも介入

みなさんも旅行でお寺を訪ねたことがあるでしょう。仏教は私たちに身近な宗教のひとつです。日本の古代や中世は仏教が大きく影響した時代でした。

仏教はインドでおこり、中国を経由して百済《くだら》（朝鮮半島南部）から正式に伝わりました。百済の聖明王《せいめいおう》が、欽明《きんめい》天皇に仏像や経典《きょうてん》を贈ったのです。これが仏教公伝で、538年説と552年説がありますが、現在は538年説が有力です。

◆

朝廷では仏教を受け入れるかどうかをめぐり意見が対立しました。欽明天皇は豪族たちに「仏像の顔は端正で美しい。これまで見たことがない。礼拝すべきだろうか」と問いました。すると重臣の蘇我稲目《そがのいなめ》は「他国ではみな崇拝していますから、日本もそうすべきです」と答えました。一方、物部尾輿《もののべのおこし》は「これを崇拝すれば、きっと日本古来の神々の怒りを招くでしょう」と反対したのです。

そこで欽明天皇が、ためしに稲目に仏像を崇拝させたところ、病が流行。尾輿は「仏像を捨てるべきだ」と主張して稲目の仏像を捨ててしまいます。すると今度は宮殿が火事に見舞われたといいます。結局、欽明天皇は正式な仏教の受け入れを拒みました。

◆

やがて仏教の受け入れに積極的な蘇我氏が物部氏を滅ぼします。欽明天皇の娘である推古《すいこ》天皇のときには聖徳太子《しょうとくたいし》が摂政《せっしょう》となり、蘇我馬子《そがのうまこ》とともに政治制度をととのえます。憲法十七条に「仏教を敬え」という条文が入るほど仏教が重視され、初めての仏教文化（飛《あす》鳥《か》文化）もおこります。

朝廷が仏教を導入したのは「仏教をさかんにすると国が平和になる」という思想があったからです。奈良時代に聖武《しょうむ》天皇が国分寺や国分尼寺を建て、東大寺の大仏を鋳造したのは、災害や反乱を鎮めるためでした。

このころ、行基《ぎょうき》が民間に仏教を広めます。朝廷はその行為を弾圧しますが行基は屈せず、信者を集めて道路や橋、ため池をつくりました。やがて朝廷も行基を評価し、僧侶として高い地位を与えます。

朝廷は仏教のさかんな唐からも高僧を招きました。その代表が鑑真《がんじん》ですね。6度目の渡航でようやく来日し、正式な仏教の戒律を伝えました。

仏教がさかんになると僧が力を得て、政治に介入しました。たとえば道鏡《どうきょう》は、称徳《しょうとく》天皇をうしろ盾に政権を握ります。桓武《かんむ》天皇が奈良の平城京から京都の長岡京に遷都したのは仏教勢力を遠ざける目的もありました。

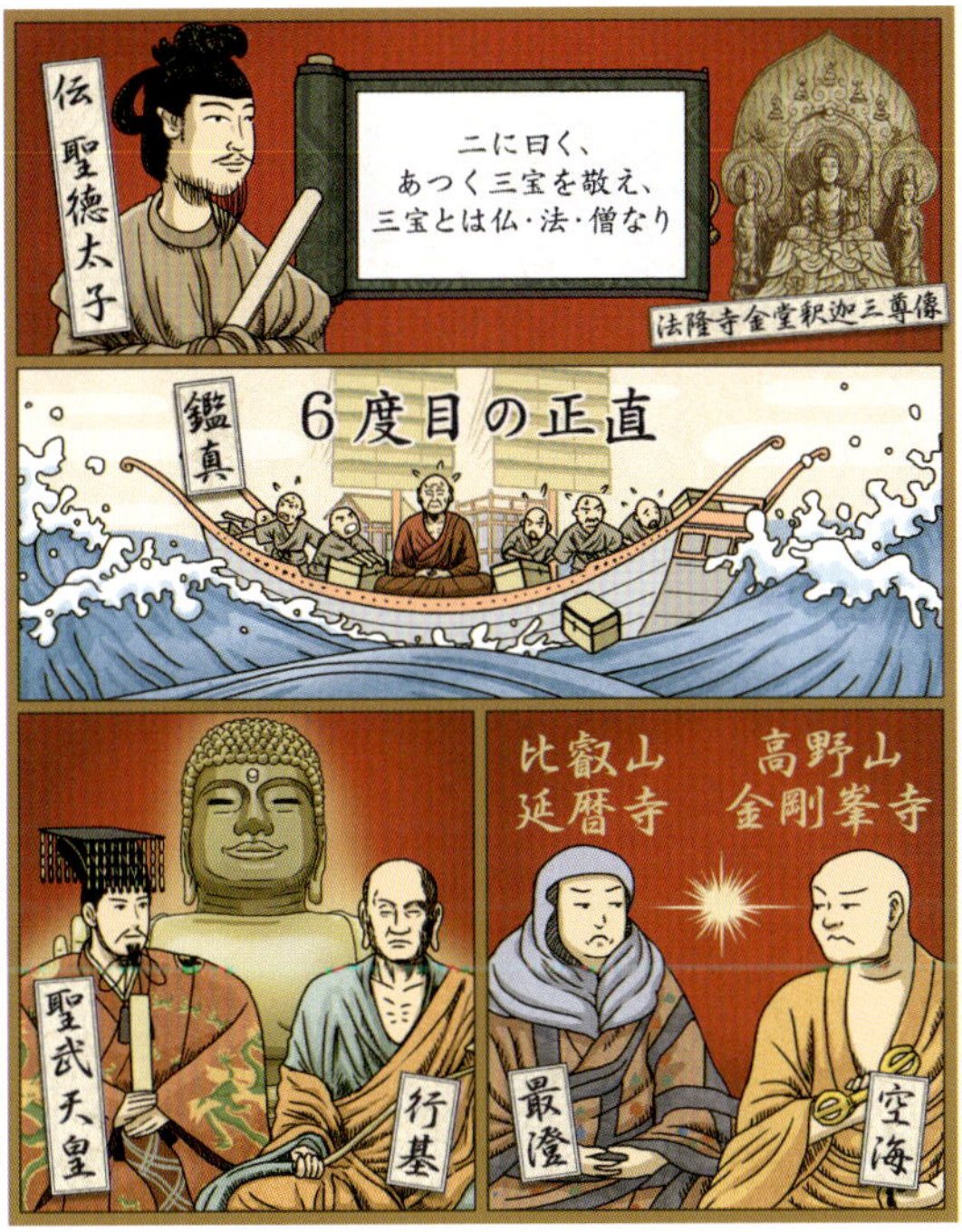

◆

平安時代には唐で仏教を学んだ最澄《さいちょう》が天台宗を、空《くう》海《かい》が真言宗を開きます。最澄は比叡山《ひえいざん》（滋賀県・京都府）に延暦寺《えんりゃくじ》を、空海は高野山《こうやさん》（和歌山県）に金剛峯《こんごうぶ》寺《じ》を建てました。天台宗も真言宗も秘密の文言や祈りで願いをかなえる密教という教えを広め、天皇や貴族の心をとらえました。

仏教②

いちど？　歌い踊る？　念仏方法いろいろ

乱世から極楽求め　信仰が多様化

　平安時代後半になると「1052年に仏教の教えが廃れ、末法《まっぽう》の世（ひどい世の中）が訪れる」といううわさが広まります。伝染病やききんが続き、武士が台頭してきたころで、世の中は乱れていました。不安定な社会の中で、末法の訪れを信じ、仏教に救いを求める人々が増えていきました。

　このとき人々がすがったのが浄土教でした。「阿弥《あみ》陀仏《だぶつ》を信仰して念仏（南無阿弥陀仏《なむあみだぶつ》）をとなえれば、極楽浄土（すばらしい世界）に生まれ変われる」という教えです。「つらい末法の世を生きるのだから、せめて来世は苦しみのない世界に」と思った人々に広く受け入れられました。平等院鳳凰堂《ほうおう》（京都府）は、この時期の代表的な阿弥陀堂です。

　鎌倉時代になると、法然《ほうねん》が「修行しなくても、ひたすらに念仏をとなえれば極楽浄土に生まれ変われる」と説き、浄土宗を開きます。その弟子の親鸞《しんらん》は「ただいちどだけ心から信じて念仏をとなえると救われる」と説き、のちに浄土真宗として発展します。

　一遍《いっぺん》は「人はもう救われることが決まっているのだから、そのうれしさを表すため歌い踊ろう」と踊念仏を広めました。一遍は時宗の開祖です。

　このように、出家や修行をしなくても信心があれば極楽に行けるという教えが登場したのです。

◆

　これに対し、日蓮《にちれん》は法華経こそが正しく、題目（南《な》無妙法蓮華経《むみょうほうれんげきょう》）をとなえることで人は救われると説い

て、日蓮宗（法華宗）を開きました。

一方、宋《そう》（中国）に渡った栄西《えいさい》と道元《どうげん》は、座禅によって悟りを開こうとする禅宗を伝えました。栄西はのちに臨済宗《りんざいしゅう》の開祖とされ、道元は曹洞宗《そうとうしゅう》を開きました。

栄西は『喫茶養生記』を記し、将軍の源実朝《みなもとのさねとも》に献上しました。お茶の飲み方や健康によいことを記した本で、これにより喫茶の習慣が広がっていきます。禅宗（臨済宗）は武士の気風に合い、幕府の保護を受けて広まりました。

◆

室町時代になっても臨済宗は幕府の保護を受けました。一方、浄土真宗の蓮如《れんにょ》は、比叡山延暦寺《ひえいざんえんりゃくじ》から弾圧を受け、拠点を京都から北陸へ移します。そこで親鸞の教えをわかりやすく説いた手紙形式の「御文《おふみ》」を考案し、信者を集めて有力な弟子に朗読させる一斉布教を始めました。弟子には「もし信者が退屈したら、朗読をやめて面白い話をしたり、休憩を取ったりしなさい」といった布教マニュアルまでつくります。また、人間は仏の前に平等で当時は差別されていた女性も極楽に行けると説き、爆発的に信者を増やしました。

日蓮宗の日親《にっしん》は、幕府から弾圧され、熱した鉄鍋をかぶせられても信念を曲げず、町衆（京都の豊かな商工業者）に布教しました。

室町時代には、民間の人々の間にまで仏教が深く浸透していったのです。

仏教③

信長と対立　徳川は寺院を統治に利用

明治時代、危機に　寺や仏像失う

「好きな歴史上の人物」というようなアンケートで必ず上位に入るのが、織田信長《おだのぶなが》です。尾張《おわり》（今の愛知県西部）の武将で「天下布武《てんかふぶ》」という印を用いました。武力で天下を統一するという意味だとされます。もし本能寺の変で家臣の明智光秀《あけちみつひで》にそむかれて命を絶っていなかったら、信長はあと数年で天下を統一していた可能性が高いでしょう。

◆

信長が実現しようとしたのは、武士を支配者とする縦社会です。そのような戦国時代に、平等な社会をつくろうとした勢力がありました。浄土真宗本願寺派（一向宗《いっこうしゅう》）の信者たちです。彼らは仏のもとに人間は平等だととなえ、一揆《いっき》を起こして武士と激しく対立しました。

１４８８年には加賀（石川県）の守護大名だった富樫《とがし》氏を追い出し、信者が１００年間も国を治めました。

一向一揆の中心となった寺院は、石山本願寺（大阪府）です。本願寺の顕如《けんにょ》は、天下布武をとなえる信長と11年にわたって戦い続け、１５８０年に朝廷の仲介でようやく和解しました。顕如は、本願寺を引き渡すかわり、信者を処罰せず、そのまま信仰を許すことを信長に約束させました。

◆

江戸時代になると、仏教は幕府に完全に統制されます。寺院の支配を担当するのは寺社奉行です。幕府は各宗派の大寺院を本山《ほんざん》とし、その下に一般の寺院（末《まつ》寺《じ》）を付属させ、寺社奉行からの命令をスムーズに伝達させる仕組みをつくりました。

また、キリスト教の信者をなくすため、人々を必ず寺院に所属させ、移転や結婚のときには信者であることを寺に証明させました。このように、寺院は人々を統治する組織として利用されたのです。

◆

しかし、明治時代に仏教は災難に見舞われます。仏教は、日本古来の神道と融合しながら発展してきました。そのため、寺院に鳥居があったり、神社に仏像があったりすることも珍しくありませんでした。けれど明治政府は、神社から仏教色を取り除き、神道を国家の宗教にしようとしました。そんな中、人々は、長い間寺院にしばられてきた恨みもあって、次々と寺や仏像を破壊したのです。

明治初期に多くの寺院が破壊され、仏像などが壊されたり燃やされたりしました。

奈良の興福寺でも堂や蔵が壊されました。五重塔も250円（今の車1台分程度の値段）で買い手がつき、壊されそうになりましたが、運よく無事に今まで残ることができました。その後、仏教界では革新運動が起こり、国民の信頼を回復していきました。

◆

江戸時代にみなさんの先祖がどこの寺院に所属していたか、これを機に調べてみてもいいですね。

平安時代の仏教

仏教は６世紀に、中国から朝鮮半島を経て日本に伝えられました。平安時代には、新たに伝わった天台宗、真言宗が広まりました。

宗派	開祖	教理の特色	中心寺院
天台宗	最澄	人はみんな仏の前では平等である	①延暦寺（滋賀）
真言宗	空海	加持祈禱により現《げん》世《せ》利益《りやく》が得られる	②金剛峯寺（和歌山）

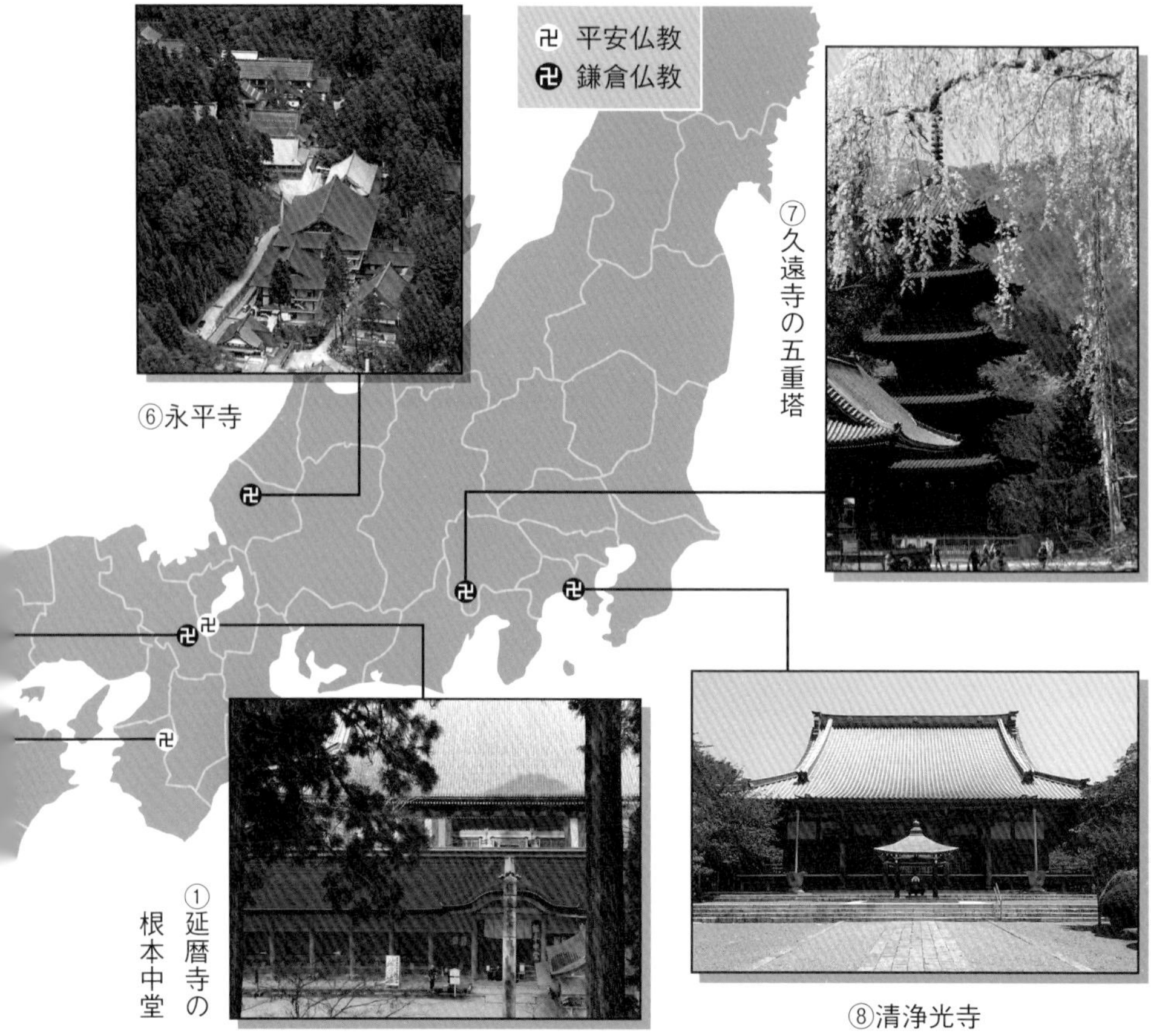

⑥永平寺

⑦久遠寺の五重塔

①延暦寺の根本中堂

⑧清浄光寺

①〜⑦の写真はⓒ朝日新聞社、⑧は清浄光寺蔵

鎌倉時代の仏教

鎌倉時代の仏教は、それまでの祈禱や学問中心のものから、内面的な深まりを持ちつつ、庶民など広い階層を対象とする新しいものへと変化していきました。

宗派	開祖	教理の特色	中心寺院
浄土宗	法然	ひたすら「南無阿弥陀仏」をとなえる	③知恩院（京都）
浄土真宗（一向宗）	親鸞	一念発起や悪人正機説を説く	④本願寺（京都）
臨済宗	栄西	座禅を組みながら問題を解決	⑤建仁寺（京都）
曹洞宗	道元	ひたすら座禅を組んで悟る	⑥永平寺（福井）
日蓮宗（法華宗）	日蓮	「南無妙法蓮華経」をとなえる	⑦久遠寺（山梨）
時宗	一遍	踊念仏を広める	⑧清浄光寺（神奈川）

④本願寺

③知恩院の三門

⑤建仁寺の方丈

②高野山の金剛峯寺

城①

楠木軍　奇抜な作戦で倒幕後押し

起源は弥生期　敵の攻撃防ぐため築く

最近、ひとりで城めぐりをする「城ガール」と呼ばれる女性が増えているそうです。城というと、壮麗な石垣や美しい天守閣をイメージする人が多いかもしれませんが、その形式は江戸時代に広まったもので、戦国時代に織田信長が登場する前には、そのような城は存在しませんでした。

◆

城の起源は、弥生時代にさかのぼります。弥生時代には集落の間で戦いが始まります。そのため、集落の周囲にほりをめぐらし、敵の侵入を防ぐ必要が生じました。このようにまわりをほりで囲まれた集落を環濠《かんごう》集落といい、吉野ケ里遺跡（佐賀県）が有名です。

敵の攻撃を避けるため、山頂に集落をつくることもありました。そのような集落を高地性集落といいます。こうした弥生時代の集落が城の原形と考えられています。

◆

城は「土（つちへん）」に「成」と書くように、もともと土でつくられていました。ほりを周囲にめぐらし、その土を盛り固めて土塁を築き、敵の攻撃から身を守る軍事施設としたのです。

663年の白村江《はくすきのえ》の戦い以後、国内では急速に多くの城がつくられました。朝鮮半島で日本軍が唐《とう》（中国）と新羅《しらぎ》の連合軍と戦って大敗したので、朝廷は「必ず敵が国内に攻め込んでくる」と考え、防備のために山城を多数つくったのです。幸い敵は攻めてきま

せんでした。

◆

奈良時代から平安時代、勢力を広げるために城を敵地につくることもありました。朝廷は東北地方の平定を進め、征服地に多賀城《たがじょう》や胆沢城《いさわじょう》を築き、朝廷の東北支配の拠点としました。

平安時代に登場した武士の館にも、城のような性格がありました。方形の敷地に垣根やほりをめぐらし、物見やぐらを建てた館は、高い防衛機能を発揮しました。

◆

鎌倉時代末期から南北朝時代にかけて各地で戦いがあり、険しい山岳地帯や尾根に砦《とりで》やほりを設けた山城が多数つくられました。代表的なのが楠木正成《くすのきまさしげ》の千早《ちはや》城《じょう》（大阪府）です。正成は倒幕を掲げた後醍醐《ごだいご》天皇に味方し、千早城にこもって幕府軍と戦いました。『太平記』によると楠木軍はわずか１０００人。しかし、なかなか落城しないので幕府は１００万の大軍を投入したとあります。幕府軍に対し正成は、わら人形をおとりにして集めた敵の上から巨石を落としたり、煮え湯や大便をかけたり、たいまつを投げ落として油を注いだりと、奇想天外な戦法で守り抜きました。

正成が奮戦している間に、足利尊氏《あしかがたかうじ》や新田義貞《にったよしさだ》が挙兵し、鎌倉幕府は滅びました。千早城での楠木正成のがんばりが、世の中を変えたともいえます。

城②

戦国時代、地形を利用した防戦の拠点

信長、岐阜城で「天下布武」めざす

ここで、戦国時代の城にスポットをあてます。応仁《おうにん》の乱後、室町幕府の力が弱まると、各地に戦国大名と呼ばれる地方権力者が登場しました。彼らは軍事力を強め、近隣の大名と戦って領地を拡大していきました。戦国大名の領国（分国）の中で一番立派な城は、大名自身が住む城（居城）です。代表的なものに上杉謙信《うえすぎけんしん》の春日山城《かすがやまじょう》（新潟県）、北条氏康《ほうじょううじやす》の小田原城《おだわらじょう》（神奈川県）などがあります。

敵が領内に攻め込んでくることもあったので、大名たちは城にこもって防戦できるようにしました。

◆

城は自然の地形を巧みに利用してつくられました。大きく分けて次の3種類があります。①険しい山頂や断崖に築かれた山城《やまじろ》②独立した丘や尾根につくられた平山城《ひらやまじろ》③平地にほりや石垣を築いてつくられた平城《ひらじろ》です。

城は、沼や池、河川の多い湿地につくられることもありました。たとえば映画にもなった時代小説『のぼうの城』は、武蔵国《むさしのくに》の武将・成田氏が沼地につくった忍城《おしじょう》（埼玉県行田《ぎょうだ》市）での戦いをテーマにしています。忍城は「忍の浮き城」とも呼ばれました。石田《いしだ》三成《みつなり》の水攻めでもしずまなかったので、浮いていると考えられたからだといわれています。

◆

山城は交通が不便だったので、大名は山城のふもとに館を構え、そこで政務をとるのが一般的でした。敵

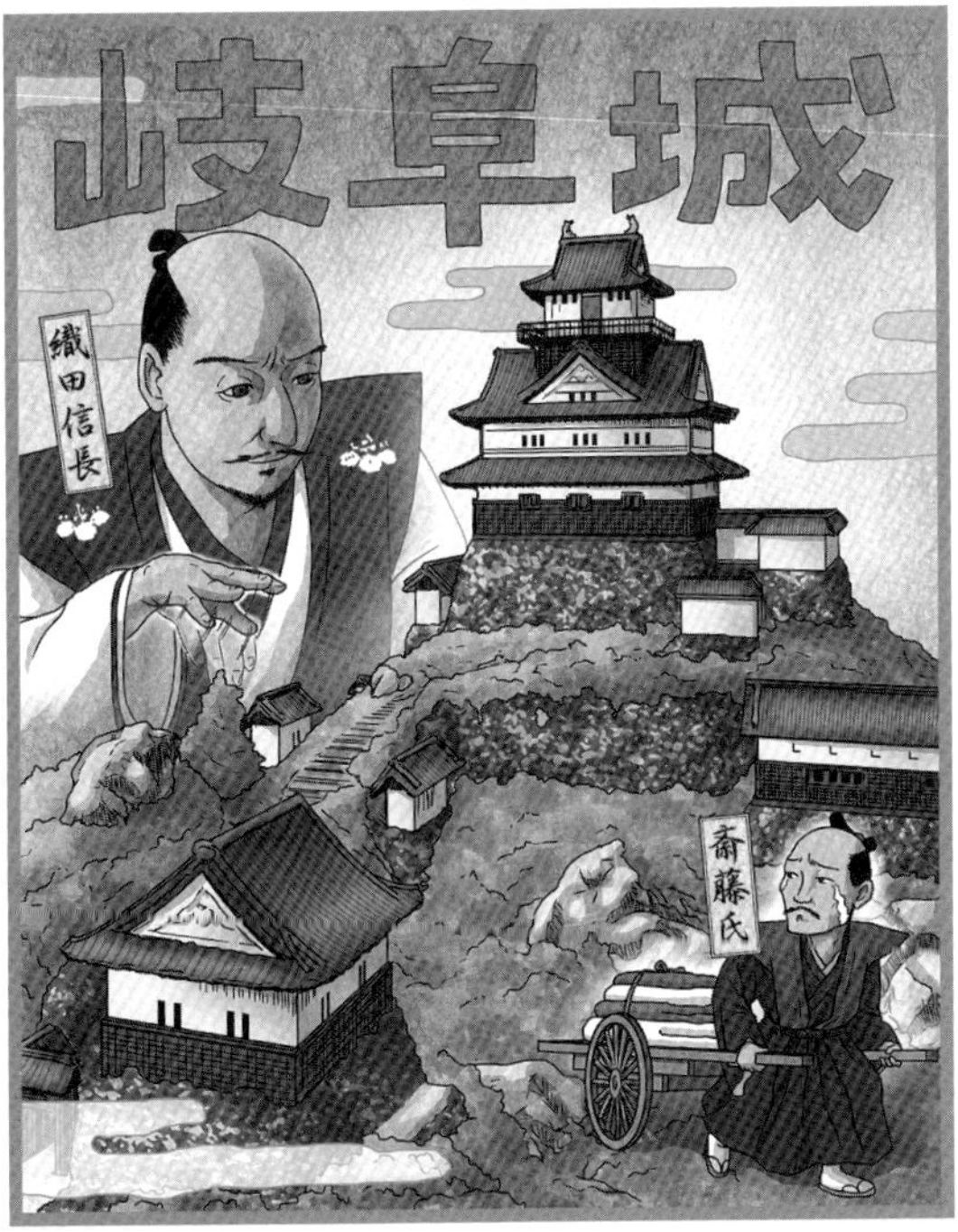

が襲来したときに、山頂の城へこもるのです。

山城で有名なのは岐阜城《ぎふじょう》（岐阜県）です。金華山《きんかざん》の山頂につくられた斎藤《さいとう》氏の城で、井口城《いのくちじょう》、金華山城、稲葉山城《いなばやまじょう》などと呼ばれていました。

1567年、織田信長《おだのぶなが》は斎藤氏を追い払って城を手に入れ、居城に決めます。このとき臨済宗妙心寺《りんざいしゅうみょうしんじ》派の僧・沢彦《たくげん》は、周《しゅう》（古代中国の国）の文王《ぶんおう》が「岐山《きざん》」で挙兵して天下を取ったこと、儒教の祖・孔子《こうし》が「曲《きょく》阜《ふ》」で生まれたことを述べ、ふたつ合わせて「岐阜」という名に改めたらどうかと提案したといいます。信長はこれに同意し、岐阜城のふもとに壮麗な居館をつくりました。

この居館を訪れたイエズス会の宣教師ルイス・フロイスが、そのようすを記録に残しています。4階建ての立派な宮殿で、巨大な石垣に囲まれていたそうです。1階の廊下の前は見事な池のある庭園で、1階には20もの部屋があり、すべて絵画や金ぱくのびょうぶで飾られていました。2階は女性の部屋になっていて、3、4階の回廊からは町の全体が一望できたといいます。

◆

信長は岐阜城で「天下布武《てんかふぶ》」をとなえて京都へのぼり、近畿地方一帯に急速に勢力を広げ、やがて新しい居城をつくります。それが安土城《あづちじょう》です。それまでの城の概念をくつがえすような壮麗な城でした。このあと、安土城についてくわしく紹介します。

城③

穴太衆の巧みな技術知らしめる

圧倒する石垣　信長自慢の安土城

織田信長《おだのぶなが》は、1576年から琵琶湖のほとりに突き出た安土山（滋賀県近江《おうみ》八幡《はちまん》市）に壮大な城を築き始めます。これが安土城です。中心の本丸は高い石垣で囲まれ、内側にある天主（天守閣にあたる）と呼ばれる高い建物が城の象徴となりました。

安土城は完成からわずか数年後に焼失してしまったこともあり、当時の絵図や設計図は発見されていません。

ただ、太田牛一《おおたぎゅういち》が著した『信長公記』や外国人宣教師の記録によれば、天主は地上6階、地下1階の構造で、高層階は金色、朱色、黒漆など鮮やかな外装だったそうです。金ぱくがほどこされた屋根瓦やしゃちほこも安土城の跡地から発掘されています。

1989年から20年にわたって続いてきた発掘調査も終わり、城跡が整備されました。現地に立つとまず、石垣の多さに圧倒されます。天主の石垣は約22メートルの高さだったそうで、現代の6、7階建ての建物に相当します。そんな高さの石垣を積むなんて、驚くべき技術水準ですね。

この高い石垣を積んだ石工《いしく》集団が穴太衆《あのう》です。近江《おうみ》国《のくに》穴太（滋賀県大津市）に住んでいて、かつて大陸から渡ってきた百済《くだら》（朝鮮半島の国）人の子孫だといわれています。平安時代、近くに比叡山延暦寺《ひえいざんえんりゃくじ》が建てられると、彼らは寺の石仏や石塔、石垣や敷石をつくるようになりました。今でも延暦寺の門前町・坂本《さかもと》一帯では、穴太衆が自然石を美しく積んだ「野面積《のづらづみ》」を目にすることができます。

◆

こうした穴太衆の生活を一変させたのが織田信長でした。1571年、信長は敵対する比叡山を総攻撃し、根本中堂《こんぽんちゅうどう》を始め諸堂を焼き払いました。これによって

穴太衆は最大の得意先を失い、生活の糧《かて》を奪われたのです。

ところがその後、再び状況は一変します。安土城を築くにあたり、信長は穴太衆に仕事を頼んだからです。安土城の石垣は穴太衆によって積み上げられ、その美しさを見た諸大名は信長亡きあと、居城の石垣づくりを競って穴太衆に依頼するようになりました。

江戸時代初期まで、穴太衆は大いに栄えました。

◆

信長は自分の築いた安土城が自慢だったようで、外国人宣教師を招いて天主を見せたり、拝観料を取って人々に城内を見学させたりしました。大勢がいちどに押し寄せたため、石垣の一部が崩れて死者が出たという記録もあります。お盆のときには、ほりに浮かべた船や建物、道沿いにちょうちんやたいまつを並べ、安土城をライトアップし、その権力を誇示したそうです。

しかし、信長が京都で討たれた本能寺の変（1582年6月）の直後、安土城から出火、建物は焼失したのです。

城④

国宝は松本・犬山・彦根・姫路・松江の五つだけ

古く美しい「天守閣」が肝心要

現在、国宝に指定されている城は、松本城（長野県松本市）、犬山城（愛知県犬山市）、彦根城（滋賀県彦根市）、姫路城（兵庫県姫路市）、松江城（島根県松江市）の5つです。どれも16世紀末から17世紀初めにかけて天守閣がつくられました。

◆

松本城は深志《ふかし》城と呼ばれていました。1582年に城主の小笠原《おがさわら》氏が松本城と改め、1590年から城主となった石川《いしかわ》氏が天守閣をつくったそうです。天守閣の石垣は低く、各階に敵を鉄砲で撃つための鉄砲狭間《ざま》という穴がありました。石落としという壁の隅などに床を張り出すように設けた開口部もあります。石垣を登ってくる敵を防ぐのに、ここから石を落としたり、鉄砲でねらったりするための穴です。高い防備力が特徴で、ほかの4つの城と異なり、黒を基調としています。

◆

犬山城は木曽川《きそがわ》沿いにあり、背後に断崖をひかえた3重4階（3重の屋根で4階建て）の城です。1617年に成瀬《なるせ》氏が城主になったとき、今の天守閣がつくられたそうです。明治時代の廃藩置県後、天守以外のほとんどが取り壊され、1891年の濃尾《のうび》地震で天守は半壊しましたが、修復されました。

◆

彦根城は徳川《とくがわ》家の古くからの家臣・譜代《ふだい》大名の井伊《いい》直継《なおつぐ》と直孝《なおたか》がつくった城です。以後、明治維新まで井伊氏が城主でした。城は完成までに20年近くを費やしたといわれ、３重３階の天守閣は見事です。なお、彦根城の天守は大津城（滋賀県大津市）の天守が移築されたといわれています。幕末の大老・井伊直弼《なおすけ》も彦根城主でした。最近は彦根市のゆるキャラ「ひこにゃん」が有名ですね。

◆

姫路城は大河ドラマで有名な黒田官兵衛《くろだかんべえ》が城主だったことがある城です。その後１６００年に池田輝政《いけだてるまさ》が城主となり、美しい天守閣がつくられました。白鷺《しらさぎ》城と呼ばれ、ユネスコの世界文化遺産に登録されています。５重６階の大天守が有名ですが、できたときから少し傾いていて、それを苦にした責任者の大工が天守から身を投げたという伝承があります。また、この城を訪れた剣豪・宮本武蔵《みやもとむさし》を恐れて、城にすむ妖怪が逃げていったという伝説もあります。

２０１５年、63年ぶりに松江城が国宝に指定されました。５つめの国宝の城です。

◆

ちなみに１６０３年につくられた京都の二条城も国宝に指定されていますが、天守閣がないため国宝の規定である城郭《じょうかく》の部類に入っていません。

現在、戦国時代だけでなく江戸時代の城もあまり残っていません。空襲で焼けた城もありますが、多くは廃藩置県後に取り壊されました。小田原城、名古屋城、和歌山城などは戦後に復元されたものです。

城⑤

徳川家　大阪城も立派にリニューアル

江戸を大改造　火には弱かった

大阪城内に現在残っている古い建物は、すべて徳川《とくがわ》家がつくったものです。立派な石垣も江戸時代に積まれたものなのです。石山本願寺の跡地に豊臣秀吉《とよとみひでよし》が築いた大阪城は、大阪夏の陣で焼失しました。その石垣の上に徳川家が10メートル近い盛り土をして、新たな大阪城をつくりました。人々に「新しい支配者は徳川家である」と見せつけるためだったと思われます。

新しい大阪城は江戸幕府の将軍の城とされ、ふだんは徳川家の古くからの家臣である譜代《ふだい》大名が、大阪城代として留守を守りました。

徳川家は大阪城をつくるときに、諸大名に命じて工事を分担させました。これを天下普請《てんかぶしん》といいます。名古屋城や二条城（京都）もそうですが、最大規模の天下普請は江戸城です。

◆

江戸城は、１４５７年に太田道灌《おおたどうかん》という武士がつくりました。１５９０年、徳川家康《いえやす》は秀吉に関東へ移るよう命じられ、ここを拠点としました。

秀吉の死後、家康は江戸城とその城下を大々的に整備します。まず利根川の流れを変えて、洪水の危険をなくしました。低湿地に掘割《ほりわり》という水路を縦横に開き、沼池を干拓。城のまわりにつくった広い宅地を碁盤の目のように区画しました。日比谷入り江の埋め立ても進めます。原則として、埋め立て地や干拓地は町人の居住区とし、高台の山の手に大名や武士を住まわせました。

１６０３年、家康は江戸に幕府を開き、諸大名に江戸城の天下普請を命じます。山などを切り崩して低湿地を埋め、広い造成地をつくりました。また、日本橋を起点に五街道を整備。掘割の一部を埋め残して船着き場とし、城下の発展を図ります。

◆

江戸城の整備は3代将軍・家光《いえみつ》の時代まで続きます。内ぼりで囲まれた江戸城の内郭《ないかく》（城がある部分）は、面積が約１００万平方メートルと東京ドームの約22倍。大阪城全体が入る大きさです。内郭は本丸、二の丸、三の丸、西の丸、北の丸、吹上《ふきあげ》などからなり、将軍は本丸の御殿（東京ドームの０・８倍の広さ）に住みました。御殿は南北に長く、一番南側が儀式や謁見《えっけん》をする「表《おもて》」、真ん中が政務や生活の場の「中奥」、北側が将軍の妻子が住む「大奥」です。

本丸には高さ約60メートル、5層の天守閣がありましたが、１６５７年に明暦《めいれき》の大火《たいか》で焼失し、その後、再建されませんでした。江戸では火事がとても多く、延焼面積は10年間で江戸の市街地全体に匹敵するほどだったという説もあります。

◆

江戸は城下町をふくめた外郭《がいかく》も広く、隅田川と江戸湾、外ぼりで囲まれたところは、すべて江戸城の外郭でした。つまり現在の銀座、霞が関などの都心部はすべて昔の江戸城の中だったのです。

城⑥

寒さと幕府の財政難で予定外の設計に

異国船から防衛　星形の五稜郭

五稜郭《ごりょうかく》（北海道函館市《はこだて》）は江戸時代末期につくられた西洋式の城郭《じょうかく》です。

1854年、江戸幕府はアメリカのペリーと日米和親条約を結び、下田《しもだ》（静岡県）と蝦夷地《えぞち》（北海道）の箱館《はこだて》を開港しました。このとき、蝦夷地の開拓や外交を担当する箱館奉行《ぶぎょう》が改めて置かれ、箱館山のふもとに庁舎（奉行所）が建てられました。その後、防衛上の理由で海岸から約3キロ内陸に城郭をつくり、そこに庁舎を移すことになったのです。

なお、箱館が函館と改称されたのは1869年からといわれています。

◆

城郭の設計は、武田《たけだ》斐三郎《あやさぶろう》が担当しました。緒方洪《おがたこう》庵《あん》が大阪に開いた適塾《てきじゅく》で蘭学を修めた秀才です。西洋の築城書を手本に、フランス人の助言を得ながら設計しました。

防衛戦のときに死角となる場所をなくすため、稜堡《りょうほ》という5つの突き出た角を設けたことから、この星形の城は五稜郭と呼ばれました。

工事は1857年に始まり、翌年、ほりと土塁がほぼ完成します。動員された労働者が1日に6000人にのぼったこともありました。ほりの幅は最も広いところで30メートル、深さは最大5メートル。土塁と水ぼりで囲まれた内側の面積は約12万6000平方メートルで、東京ドームの約3倍の大きさです。

しかし、冬を迎え、大問題が発生しました。寒さで土

が凍り、土塁にひび割れが生じたのです。そこで、土塁を支えるため、急いで石垣を積むことになりました。

斐三郎は当初、石垣にしないつもりでした。大砲や小銃の弾が石垣にあたると、石の破片が守備兵を傷つけるので、ヨーロッパでは土塁がよいとされていたからです。

◆

郭内には、約70の部屋がある庁舎、武器庫、食糧庫など25棟が建てられました。ほりの水は五稜郭の近くを流れる亀田川から引き、地中に木の管を通して郭内に給水施設を設置。籠城《ろうじょう》に備え、井戸もつくりました。

五稜郭が完成したのは1864年。工事が始まってから約7年が過ぎていました。幕府の財政難で予算は大幅に縮小され、二重の予定だった水ぼりは一重になりました。

◆

完成からわずか3年後、江戸幕府は倒れ、五稜郭は新政府に引き渡されました。

1868年、榎本武揚《えのもとたけあき》が率いる旧幕府の脱走軍が五稜郭を占領し、蝦夷地を支配下に置きました。しかし翌年5月、新政府の大軍が箱館を総攻撃。榎本らは五稜郭を明け渡し、新政府軍に降伏しました。

武田斐三郎も、異国船から箱館奉行所を守るためにつくった五稜郭で日本人どうしが戦うとは予想しなかったでしょうね。

歴史資料館３

平山城

例　犬山城
（愛知県）

木曽川べりの小高い丘にそびえたつ犬山城。

平　城

例　二条城
（京都府）

徳川家康が京都にきたときの宿泊所として建てた二条城。平らな土地につくられています。

写真はすべてⓒ朝日新聞社

城の変遷

城の機能は、時代の変化とともに変わっていきました。どのように変化していったのでしょう。

山城	戦《いくさ》のときのとりでとしての役割をはたす。山の地形を利用して山頂や尾根につくられました。戦国時代に発達しました。日常住むところは山のふもとにありました。 例 竹田城　松山城
平山城	小高い丘や尾根につくられました。領国を支配するうえでの利便性を考慮したためです。戦国時代後期以後に発達しました。 例 犬山城　彦根城　姫路城　松江城
平城	平地に石垣やほりなどを備えてつくられました。戦のときの拠点、城主のすまい、政治をおこなう場所としての機能を持ちました。 例 二条城　松本城

山 城

例 竹田城
(兵庫県)

竹田城跡の遠景。インターネット関連会社のＣＭをきっかけに「天空の城」「日本のマチュピチュ」と、一気に有名になりました。

史跡を保護する「見学通路」のようす。

神社①

日本を完成させた神をまつる出雲大社

千年以上前に高さ48メートルの本殿!?

神社といえば、伊勢神宮（三重県）や出雲大社《いずもたいしゃ》（島根県）などの大きな神社を思い浮かべる人が多いのではないでしょうか。

みなさんの住んでいる地域にも、地元の神様（氏神《うじがみ》）をまつる神社はあるはずです。道ばたにある小さなほこらも、実は神社であることが多いのです。

◆

昔から、日本人は大きな岩や泉、大木や森などの自然に神々が宿ると信じてきました。そして、その近くに供え物を置くための簡単な祭壇や仮小屋をつくり、崇拝してきました。これが神社の原形なのです。

7世紀後半になると、立派な建築物を持つ神社が登場します。仏教寺院の影響を受けたからでしょう。

◆

現在、日本で最も高い本殿のある神社は、出雲大社です。今の本殿は江戸時代の1744年に建てられたもので、高さは約24メートルもあります。

『日本書紀』などの神話によれば、日本の国づくりを完成させた大国主《おおくにぬし》は、天照大神《あまてらすおおみかみ》から国を譲ってほしいと頼まれます。大国主は国を譲るかわりに、柱を高く太くした神殿を建てることを求めました。そこでつくられたのが出雲大社だと伝えられています。だから、出雲大社がまつっている神は、大国主なのです。

◆

平安時代の970年ごろにできた『口遊《くちずさみ》』という書物には「出雲大社は東大寺の大仏殿より大きい」と記

されています。高さは16丈《じょう》（約48メートル）で、だいたい15階建てのビルに相当します。正面には長さが1町《ちょう》（約109メートル）の階段があったそうです。古代にそんな巨大な高層建築があったなんて信じがたいですね。

　ところが1998年から2002年にかけての出雲大社の境内での発掘調査で、驚くべきものが発見されました。鎌倉時代前半の1248年につくられた本殿を支えたと思われる3つの柱穴です。穴の直径は最大で約6メートル。中には直径約1・3メートルのスギの柱を3本束ねて1本の柱にしたものが残っていました。

　出雲大社の宮司《ぐうじ》をつとめる千家《せんげ》家には、出雲大社の本殿の平面図とされる13～16世紀の「金輪《かなわ》御造営《ごぞうえい》差図《さしず》」が伝わっています。その図に太さ約1・2メートルの3本の柱を金輪で束ねた絵が描かれています。つまり、古い設計図と同じような形の柱が発掘されたのです。

◆

　1955年、京都大学名誉教授で建築史家の福山敏男《ふくやまとしお》氏の監修で、建築会社のプロジェクトチームが「金輪御造営差図」をもとに、高さ48メートルの空中神殿を図面で復元しました。学者の中には「中世にそんな巨大建築物をつくる技術はない」と反発する声もありましたが、柱の発見によって『口遊』の記述が本当である可能性をおびてきたのです。

神社②

パワー強すぎる鏡まつる伊勢神宮
斎王 身清め3年目「神」のもとへ

みなさんは2013年に話題になった「式年遷宮《しきねんせんぐう》」を覚えていますか。

伊勢神宮（三重県）が20年にいちど、社殿などを一新し、皇祖神《こうそしん》（皇室の先祖とされる神）天照《あまてらす》に移ってもらう儀式で、神の引っ越しともいえます。2013年の参拝者数は1420万人にのぼり、国民の10人に1人以上が参拝した計算になります。

同じ2013年に出雲大社《いずもたいしゃ》の大遷宮《だいせんぐう》もおこなわれました。これは60年にいちど、本殿の屋根などを直す間は仮殿にまつられていた大国主《おおくにぬし》に、本殿へ戻ってもらう儀式です。

◆

伊勢神宮について、神話では次のような話が伝わっています。

天照は子孫に八咫鏡《やたのかがみ》（天皇のしるしとして伝わったという3つの宝物・三種の神器《じんぎ》のうちのひとつ）を与え、「この鏡は私と同じだから、常に手元に置いて大切にまつりなさい」と告げました。

ところが崇神《すじん》天皇のとき、八咫鏡は手放されることになりました。パワー（霊威）が強すぎて手元に置くことに不安を覚えたからです。そして娘の豊鍬入姫《とよすきいりひめ》に八咫鏡と天叢雲剣《あまのむらくものつるぎ》（三種の神器のひとつ）を託し、大和《やまと》（奈良県）の笠縫邑《かさぬいむら》でまつらせました。

次に即位した垂仁《すいにん》天皇は、娘の倭姫《やまとひめ》に八咫鏡と天叢雲剣をまつるのにふさわしい別の場所を探すよう命じます。倭姫は鏡と剣を持ってあちこちをめぐったあと、

伊勢国（今の三重県）に入り、美しく流れる五十鈴《いすず》川のほとりに、ほこらを建てて鏡と剣をおさめ、自分もその地に住みました。これが、伊勢神宮の始まりだと伝えられています。剣はのちに熱田《あつた》神宮（愛知県）に移され、まつられました。

伊勢神宮にまつられている神は天照だけではありません。伊勢神宮は内宮《ないくう》と外宮《げくう》に分かれ、内宮には天照、外宮には豊受《とようけ》がまつられています。豊受は、天照に食事を提供するために丹波《たんば》（京都府、兵庫県）から移されたと伝えられています。

14世紀前半の後醍醐《ごだいご》天皇の時代まで、天皇家では天皇の娘や姉妹からひとり選んで伊勢神宮に送り、奉仕させていました。この女性を斎王《さいおう》（斎宮《さいぐう》）といいます。

斎王は、天皇が即位すると新しく任じられ、その天皇一代の間、つとめます。斎王に決まった女性は伊勢神宮に出向く前に、都で準備をします。宮廷の特定の場所に移り、1年間「みそぎ」などをして身を清めます。それから都の郊外に設《もう》けた社《やしろ》でさらに1年間身を清め、3年目の9月に天皇に別れを告げて伊勢へ向け出発。伊勢神宮から十数キロ離れた斎宮に入ります。

斎宮には斎宮寮という役所が置かれ、役人や雑用人など500人を超える人々が働いていました。

伊勢神宮の三節祭《さんせつさい》（6月と12月の月次祭《つきなみのまつり》、9月の神《かん》嘗祭《なめのまつり》）に参加することが斎王の大切な仕事でした。

神社③

式年遷宮で耐久性対策と技術継承？

江戸期の旅先人気No.1、お伊勢様

伊勢神宮（三重県）の式年遷宮《しきねんせんぐう》は20年に1度、社殿などを新しくする儀式です。天武《てんむ》天皇が定め、その皇后・持統《じとう》天皇が690年に初めて実施しました。1300年以上続いてきたことになりますが、室町時代から戦国時代に100年以上中断しています。2013年は62回目の式年遷宮がおこなわれました。

◆

式年遷宮をおこなう理由については、いくつかの説があります。

ひとつは耐久性の問題です。素木《しらき》の掘立柱《ほったてばしら》に萱《かや》ぶき屋根の社殿が美しい姿を保つのは20年が限度。それを過ぎると汚れたり腐ったりして、「ケガレ」を嫌う神の家としてふさわしくないからという説です。

技術を絶やさないためという説もあります。先輩のもとで式年遷宮を経験した若い宮大工が20年後には建て替えの中心となり、40年後には長老として後進の指導にあたる。こうして建築技術が受け継がれ、長い間維持されるという説です。

◆

建て替えといっても、全く同じ建物がつくられつづけたわけではありません。社殿は次第に大きく、柱も太くなりました。また、戦国時代の中断で社殿の配置がわからなくなり、江戸時代には以前と異なる配置になりました。もとに戻したのは明治時代です。

◆

江戸時代の人々の旅行先で一番人気は伊勢神宮でし

た。人気の火付け役は「御師《おんし》」です。御師は伊勢神宮の神職（神宮に仕える人）で、全国をまわって神宮の御札を売り歩きました。神宮のよさをアピールするためです。また、村々に講と呼ぶグループをつくらせました。

講の人々はお金を出し合って旅費を積み立て、毎年、くじであたった数人を伊勢神宮へ送り出しました。御師が旅行者と行動を共にすることもありました。

伊勢神宮の近くにある御師の屋敷は今でいう高級ホテルで、豪勢な料理を出し、土産も販売しました。旅行者に神宮の境内を案内したり、神楽《かぐら》（歌舞）を見せたりして、満足させて帰したのです。

◆

江戸時代には、ほぼ60年周期で伊勢神宮参詣の爆発的なブームが起きました。これを「おかげ参り」といい、1830年には約500万人が参詣したそうです。当時の人口約3千万人から考えると、6人に1人が詣でた計算になります。

おかげ参りの多くは、庶民の無銭旅行でした。「抜け参り」ともいい、両親や奉公先に無断で旅立つ子どもや女性もいました。あまりの多さに関所も機能せず、通行手形がなくても通過できたそうです。人々は、ひしゃくに金品や食べ物を入れてもらいながら旅を続け、神宮が近づくと「お伊勢様のおかげだ」などと歌いながら、集団で踊り歩いたといわれています。

神社④

皇室の信仰あつい大分の宇佐八幡宮

道鏡から天皇家守った八幡大神

神社の中で最も数が多いとされるのが、八幡宮《はちまんぐう》（八幡神社）です。神社本庁によると8800以上あり、小さな社もふくめると4万以上という説もあります。

八幡宮がまつっているのは八幡大神《はちまんおおかみ》です。八幡大神は応神《おうじん》天皇とされ、その母・神功《じんぐう》皇后もまつられています。大分県の宇佐《うさ》八幡宮（宇佐神宮）が八幡宮の総本宮です。

◆

奈良時代、宇佐八幡宮は「宇佐八幡神託《しんたく》事件」という政争の舞台となりました。称徳《しょうとく》天皇に重用された僧《そう》の道鏡《どうきょう》が天皇になろうとし、宇佐八幡宮から「道鏡を天皇にすれば平和になる」というお告げがあったと、うその報告をさせたというのです。

事実を調べるため、天皇に宇佐八幡宮へ派遣された和気清麻呂《わけのきよまろ》は「道鏡を天皇にせよ」という神の言葉を知らされました。しかし、清麻呂は、「信じられないので証拠をお見せいただきたい」と願います。すると神が現れ、「皇位を継ぐ者は、天皇家の血筋を持つ者にせよ。道鏡は排除しろ」と述べたといいます。

清麻呂がお告げのことを正直に報告すると、称徳天皇は怒って彼を大隅国《おおすみのくに》（今の鹿児島県の一部）に流します。しかし、天皇が亡くなると、道鏡はうしろ盾をなくして失脚しました。以後、宇佐八幡宮は皇室からあつく信仰されました。

◆

平安時代、石清水《いわしみず》八幡宮（京都府）がつくられまし

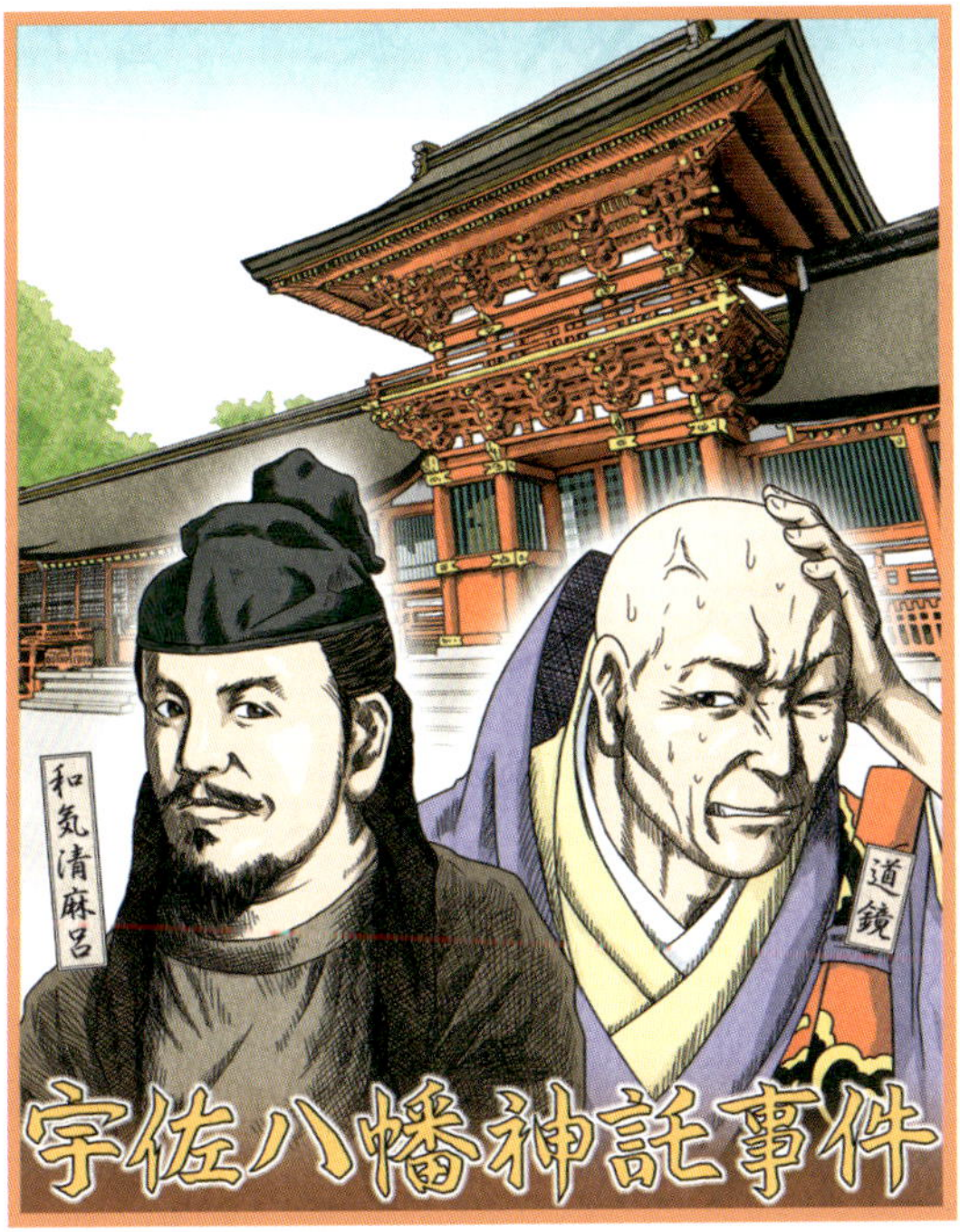

た。平将門《たいらのまさかど》の乱や藤原純友《ふじわらのすみとも》の乱のときに朝廷が願をかけると、無事、平定されたそうです。

源氏は八幡大神を信仰していました。源《みなもとの》頼朝《よりとも》が鎌倉に幕府を開いた理由のひとつも、先祖の源《みなもとの》頼義《よりよし》が鎌倉に石清水八幡宮の神霊を招いて鶴岡《つるがおか》八幡宮を建てたからです。しかしその境内で頼朝の子・実朝《さねとも》が殺され、鎌倉幕府の源氏の将軍は3代で絶えました。

◆

次は熊野《くまの》神社の話です。熊野神社の総本宮は、和歌山県の熊野三山（熊野本宮大社《ほんぐうたいしゃ》、熊野速玉《はやたま》大社、熊野那智《なち》大社）です。

熊野三山への参詣道・熊野古道は「紀伊山地の霊場と参詣道」の一部としてユネスコの世界文化遺産に登録されています。「蟻《あり》の熊野詣《もう》で」というほど、大勢が列をなして参詣しました。とくに平安時代後期から鎌倉時代、白河《しらかわ》、鳥羽《とば》、後白河《ごしらかわ》の3上皇は、京都から何度も熊野詣でをしています。後白河上皇は往復660キロの道を34回、詣でたそうです。

人々が熊野三山にひきつけられたのは、仏教の浄土（仏の住む清浄な地）とされたからです。神社がどうして仏教の聖地なのか不思議に思うかもしれませんが、日本に仏教が入ってくると「神仏習合《しんぶつしゅうごう》」といって、神道と仏教が融合し、ひとつの宗教のようになったのです。人々は死後に浄土へ行くことを願い、生きているうちに一目浄土を見たいと熊野を訪れたのでしょう。

神社⑤

いなりずしの名の由来　穀物の神様・お稲荷様

屋敷に有名な神を招くのが流行

おすしが好きな人は多いと思います。にぎりずしや巻きずしではなく、ちょっと見た目が変わっているのがいなりずしですね。

漢字で書くと「稲荷寿司《いなりずし》」。稲荷とは稲荷神（お稲荷様）のことで、もともと稲を実らせる穀物の神様でした。しかし、農業の神様から、やがて商売を繁盛させたり、家を繁栄させたりしてくれるとして、江戸時代にはあちこちの家が稲荷神をほこらにまつるようになりました。

◆

いなりずしは、油揚げを甘辛く煮て、袋の形にし、その中に酢飯を入れたものです。江戸時代末期に生まれたといいます。名前の由来には大きく2つの説があります。ひとつは、いなりずしの形が、米の詰まった俵に似ているため、穀物の神様である稲荷神と結びついたという説です。

稲荷をまつっているところには、稲荷神の使いとされるきつねの置物や石像がありますね。きつねの好物が油揚げだから「いなりずし」の名がついたというのが、もうひとつの説です。

◆

大岡越前守忠相《おおおかえちぜんのかみただすけ》を知っていますか。江戸幕府の8代将軍・徳川吉宗《とくがわよしむね》が享保《きょうほう》の改革をおこなったときに活躍した江戸の町奉行《まちぶぎょう》です。忠相は豊川《とよかわ》稲荷（愛知県）から東京・赤坂にあった自分の屋敷地のひとつに神様を招いてまつりました。

稲荷をまつったところは、場所が移り、今は豊川稲荷東京別院（東京都港区）になっています。境内には七福神を始め、さまざまな神仏が小さなほこらにまつられています。参拝客は、油揚げと紅白餅がのった小皿やお酒を手に、ほこらに詣でて御利益を願います。テレビ局が近いためか、境内のちょうちんやのぼりには芸能人の名前も見られます。

◆

このように、江戸時代の大名や旗本の間では、総本宮から自分の屋敷地に有名な神様を分けてまつるのが流行しました。たとえば、安産の神様として有名な水《すい》天宮《てんぐう》（東京都中央区）は、久留米《くるめ》藩主《はんしゅ》の有馬《ありま》家が国元の水天宮（福岡県久留米市）から分霊したものです。虎《とら》ノ門《もん》・金刀比羅宮《ことひらぐう》（東京都港区）は、讃岐《さぬき》（今の香川県）の金刀比羅宮を丸亀《まるがめ》藩主だった京極《きょうごく》家が屋敷地にまつったものです。

こうした神社の多くは一般にも開放されました。なかなか寛大ですが、庶民が参拝するときに投げ入れるさい銭がよい収入になったので公開したという事情もあったようです。

◆

稲荷神を初めてまつったのは、渡来人を先祖に持つ豪族の秦《はた》氏だといわれています。稲荷神社の総本宮は伏見《ふしみ》稲荷大社（京都市伏見区）。千本鳥居の美しい光景で知られ、外国からの観光客にも大人気です。

神社6

受験生に大人気　学問の神様まつる天満宮

道真の怒る魂　鎮めるため建立

冬になると10代の参拝者がぐんと増える神社があります。東京の湯島《ゆしま》天神（天満宮）、北野《きたの》天満宮（京都府）、太宰府《だざいふ》天満宮（福岡県）などです。理由はもうわかりますよね。

いずれも祭神は菅原道真《すがわらのみちざね》です。学問の神様として有名なので、受験の合格を祈るのですね。みなさんの中にも冬に天満宮や天神にお参りしようと考えている人がいるでしょう。

菅原道真が学問の神様としてまつられるようになったのは、なぜでしょうか。

◆

神社はもともと、自然や神をまつるものでしたが、平安時代になると人もまつられるようになりました。

立派な人物が尊敬された結果、まつられたというわけではありません。実は、この世に恨みを残して死んだ者が怨霊《おんりょう》となってたたるという考えから、その魂を鎮めるために、祭神としてまつったのです。

平安時代、中級貴族の菅原道真は右大臣にまで出世しましたが、ライバルの左大臣・藤原時平《ふじわらのときひら》の密告を信じた醍醐《だいご》天皇によって、大宰府《だざいふ》（今の福岡県太宰府市）へ左遷されてしまいます。

失意のうちに道真が亡くなると、都（平安京）では天変地異が相次ぎました。道真を陥れた時平も30代で急死、天皇が日常生活を送る内裏《だいり》の清涼殿《せいりょうでん》では、貴族が雷に打たれて亡くなりました。

道真が怨霊（雷神）になったと考えた貴族たちは、

怒りを鎮めようと平安京や大宰府に天満宮を建てて道真をまつりました。道真が学者の家に生まれ、頭がよいとされていたことから、学問の神様になったのです。

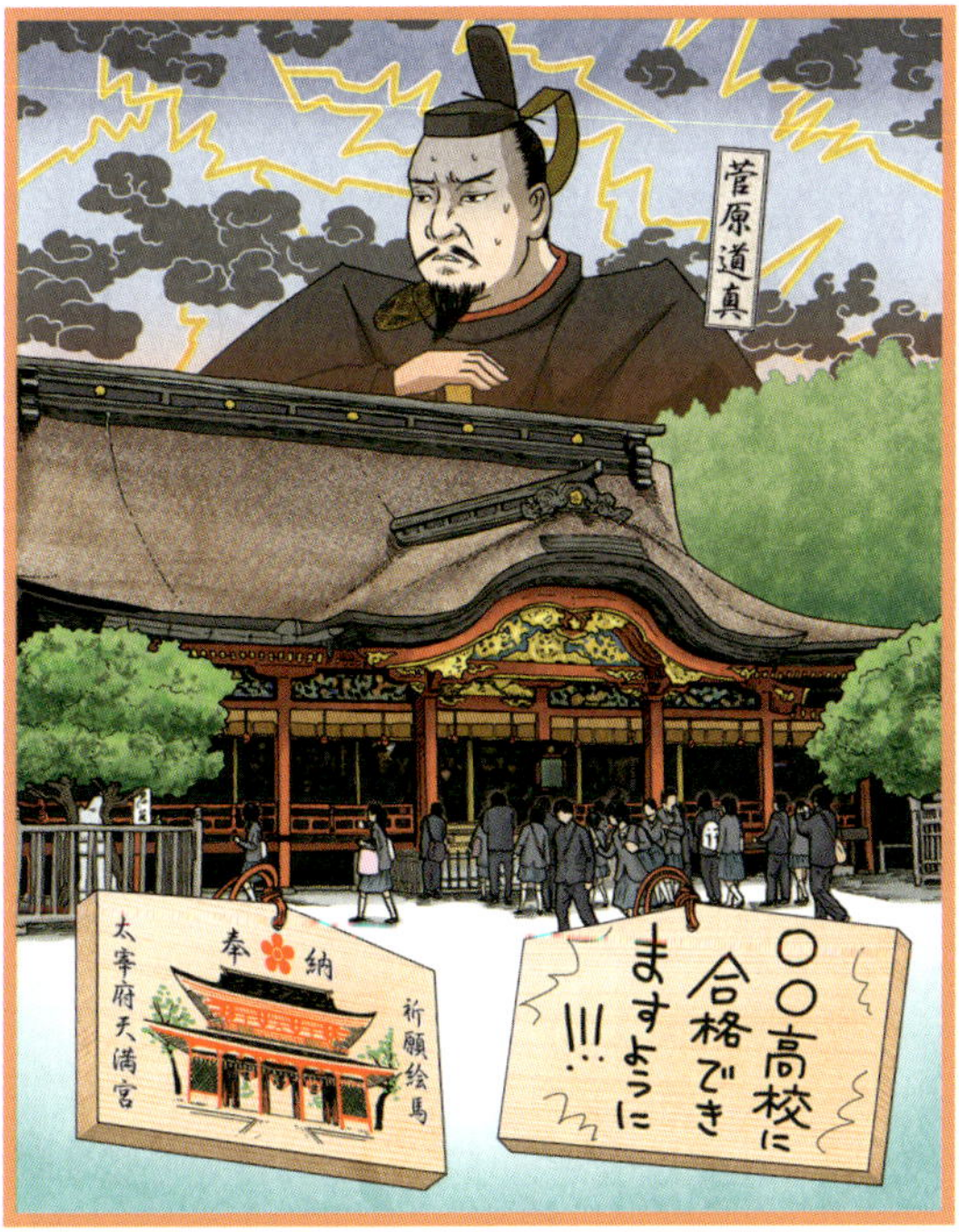

◆

1868年（明治元年）、京都に白峯神宮《しらみねじんぐう》がつくられました。その神社にまつられたのは、平安時代の崇《す》徳《とく》上皇です。上皇は保元《ほうげん》の乱（1156年）で後白河《ごしらかわ》天皇に敗れて讃岐《さぬき》（香川県）に流され、亡くなるときに「天皇家を恨んで、たたってやる」といったといいます。その霊を鎮めるために明治天皇が白峯神宮を建てたのです。ちょうど戊辰《ぼしん》戦争の最中で、崇徳上皇の怨霊が朝廷の日本統一を妨げないようにするためだったという説もあります。のちに奈良時代の淳仁《じゅんにん》天皇もまつられました。

◆

明治時代になると、怒りを鎮めるためではなく、当時偉人とされた人物が神としてまつられる例が出てきます。明治天皇をまつった明治神宮（東京都）がその一例です。

◆

ここまで、神社の歴史を見てきました。身近にある神社やほこらにも、意外な神がまつられているかもしれません。神社や地域の人に聞いたり、図書館で郷土史の文献を調べたりすると、知識の幅が広がりますよ。

神社参拝の作法

神社参拝の正しい作法

神社での参拝の一般的な作法は、「二礼二拍手一礼」です。全国の9割以上の神社を束ねる神社本庁によると、この作法は、日本に古くからあるならわしが、長い時間をかけて組み合わさったり、変化したりしてできたといいます。頭を下げて敬意を表す礼は、ふだん私たちもおこないます。拍手については『魏志』倭人伝や『日本書紀』にも、身分の高い人に敬礼するとき、天皇の即位の儀礼の中で、敬って手を打つ人たちの姿が記録されています。

ほとんどの神社で二礼二拍手一礼が浸透していますが、伊勢神宮（三重）の神職の八度拝や出雲大社（島根）の四拍手など、独自の作法を続けているところもあります。

二礼二拍手一礼

一 姿勢を正す

二 深いおじぎを2回する

三 両手を肩幅くらいに開いて2回手を打つ

四 最後に1回おじぎをする

手《て》水《みず》 ——参拝の前に水で心と身体を清める——

一

右手でひしゃくを取って水盤の水をくむ

二

くんだ水で左手を洗う

三

ひしゃくを左手に持ちかえ、右手を洗う

四

ひしゃくを右手に持ちかえ、左手に水をためて口をすすぐ

五

ひしゃくに残った水で柄を洗う

平安時代の文献にある「すし」はまるで漬物

魚介や肉をご飯の中で自然発酵

今「和食」が世界的に大人気です。2013年には「和食・日本人の伝統的な食文化」がユネスコ（国連教育科学文化機関）の無形文化遺産に登録されました。和食と聞いて最初に思い浮かべるのは何ですか。そば、天ぷら、すき焼き、いろいろありますが、ここでは「すし」の話をしましょう。

すしには、ちらしずし、いなりずし、のり巻きなど、さまざまな種類がありますが、すしの代表といえばにぎりずしでしょう。しかし、にぎりずしの歴史は比較的浅く、江戸時代の文政年間（1818～1830年）に生まれたといわれています。

◆

「すし」という言葉自体は、平安時代に書かれた『延喜式《えんぎしき》』という文献に出ていて、フナずし、サケずし、イノシシずし、シカずしの存在が確認できます。イノシシずしといっても、酢飯にイノシシの肉をのせて食べるわけではありません。

当時のすしは「なれずし」で、魚介類や肉類をご飯の中に入れ、自然発酵させた食べ物でした。現在の漬物のようなものです。ご飯がぬか床の役割を果たし、長いと数年間も漬け込みました。どろどろに溶けて強烈なにおいを放つご飯は捨て、漬かっている魚介類や肉類だけを食べました。塩辛のような形状だったはずです。

このような昔の名残があるのが、滋賀県名物のフナずしです。

春、琵琶湖のフナを塩漬けにして、上に重しをのせます。夏に取り出し、腹にご飯を詰めます。そのフナをおけに入れ、まわりにご飯を詰めて重しをのせ、落としぶたの上に水を張って空気を遮断し、発酵させてつくります。

◆

室町時代になると、数週間漬け込むだけで、ご飯も一緒に食べる「生なれずし」が登場します。素材にはコイ、ドジョウ、イワシ、アジのほかにタケノコやナス、ミョウガなどの野菜も使われました。

江戸時代になると、アユの腹にご飯を詰めて発酵させた京都の「生なれずし」も流行します。その形から「かみそり」と呼ばれました。

江戸中期には、つくってからもっと早く食べたいと、箱の中にご飯、酢、塩を入れて魚介類をのせ、上から重しをして数日間で食べるようになります。これを「早ずし」といい、現代の「押しずし」の原型です。

文政13（1830）年の『嬉遊笑覧《きゆうしょうらん》』には、江戸・深川の「松ケ鮓《まつがすし》」が紹介されています。

値段は1人前で金1分《ぶ》。酒を1斗（約18リットル）買えるほど高価でした。当時のすしは、生臭さを消すために、からしやショウガ、サンショウが使われていましたが、「松ケ鮓」は高級品のワサビを使ったといいます。しかし、どんな姿をしていたのか、はっきりとはわかっていません。まさに幻のすしでした。

すし②

せっかちな江戸っ子が生み出した
手軽なファストフード　にぎりずし

ここで、「にぎりずし」の誕生から現在までのすしの歴史を紹介します。

江戸っ子はせっかちといわれ、箱に入れ、押してつくる「押しずし」ができるまでの数日間ですら待てず、江戸前（東京湾沿岸）でとれたばかりの魚介類を、握った酢飯の上にのせて食べるようになりました。これがにぎりずしの起源です。

ご飯に酢を入れるのは「なれずし」のような発酵させたすっぱさを再現するためだといわれています。

◆

にぎりずしを発明したのは華屋与兵衛《はなやよへえ》だという説が有力です。与兵衛は江戸の本所元町《ほんじょもとまち》（今の墨田区《すみだく》）に店を構えていて、にぎりずしのおかげで大繁盛したそうです。

屋台で手軽に食べるにぎりずしは、やがて江戸の「ファストフード」になっていきます。客は立ったまま、すしを2つ3つほおばり、茶を流し込んで立ち去りました。当時のにぎりずしの大きさは現在の倍ぐらいだったので、2つ3つでも十分でした。

江戸っ子は当初カツオのにぎりずしを好みましたが、のちにマグロの赤身やコハダの人気が上がります。屋台では前もって握っておいたすしを並べておき、客は食べたいものを選びました。冷蔵技術がなかったため、材料が傷まないようしょうゆにつけておきました。これが「ヅケ」です。

明治時代後半には、すしを売り歩く行商も生まれま

した。祝い事などの日にすし屋に出前を注文する風習も広まり、すしは特別な食べ物になっていきます。

昭和に入り、握った酢飯の周囲をノリで巻き、上にウニやイクラをのせた「軍艦巻き」が生まれました。銀座の「久兵衛《きゅうべえ》」という店に北海道の客がウニを持参して「これを握ってくれ」といったので、すし職人がウニが流れ落ちないような巻き方（軍艦巻き）を考え出したというわけです。

江戸前のにぎりずしが全国に広まったのは関東大震災（1923年）がきっかけでした。被災して職を失った職人が故郷へ戻り、にぎりずしを広めたのです。

◆

高価で特別なときに食べるものという見方を大きく変えたのが、回転ずしの登場です。すしののった皿が席までまわってくるというシステムが激変の理由ではありません。1皿100円前後という価格が、すしを庶民の食べ物に変えたのです。だれでも気軽に楽しめる回転ずしの店は、80年代後半から爆発的に増えました。最近ではたこ焼き、ハンバーグ、エビフライなどに加え、ケーキや果物などデザートまでまわっています。

◆

すしは海外にも広まり、米西海岸でノリを内側にしたアボカドやカニ風味かまぼこの巻きずし「カリフォルニアロール」が生まれました。すしには長い歴史があり、今も進化を続けているのです。

そば①

縄文人も食べたソバ　戦国時代に麺登場

痩せた土地でもよく育ち、主食に

外国人によく知られている和食には、「すし」だけでなく「そば」もあります。

「そば」は、ソバの実を粉にして水や小麦粉を加えて混ぜ、薄くのばし、細く切ってゆでて食べるものですね。

◆

日本ではいったいいつから、ソバを食べるようになったのでしょう。すでに縄文時代には植物のソバを食用とするため、焼き畑などで栽培されていたことが、当時の遺跡から確認されています。つまり、縄文人がソバを食べていたことは確実なのです。

日本人ははるか昔からソバの味を知っていたわけですが、ソバは日本原産ではなく、外来の植物です。

◆

原産地については、アムール川流域のシベリアという説、チベットやヒマラヤ地方という説、ロシア南東部にあるバイカル湖周辺という説、中国の雲南省《うんなんしょう》という説などがあり、はっきりしていないのが実情です。

日本に渡ってきた経路は、雲南省方面から直接北九州へ入ったルート、シベリアから朝鮮半島を経由して入ったルートが有力です。

◆

ところでみなさんは、ソバというのは、麺にして食べるのが当たり前だと思っていませんか。

麺として細長く切った形を「そば切り」といいます。定勝寺《じょうしょうじ》（長野県）に残された1574年の古文書に、

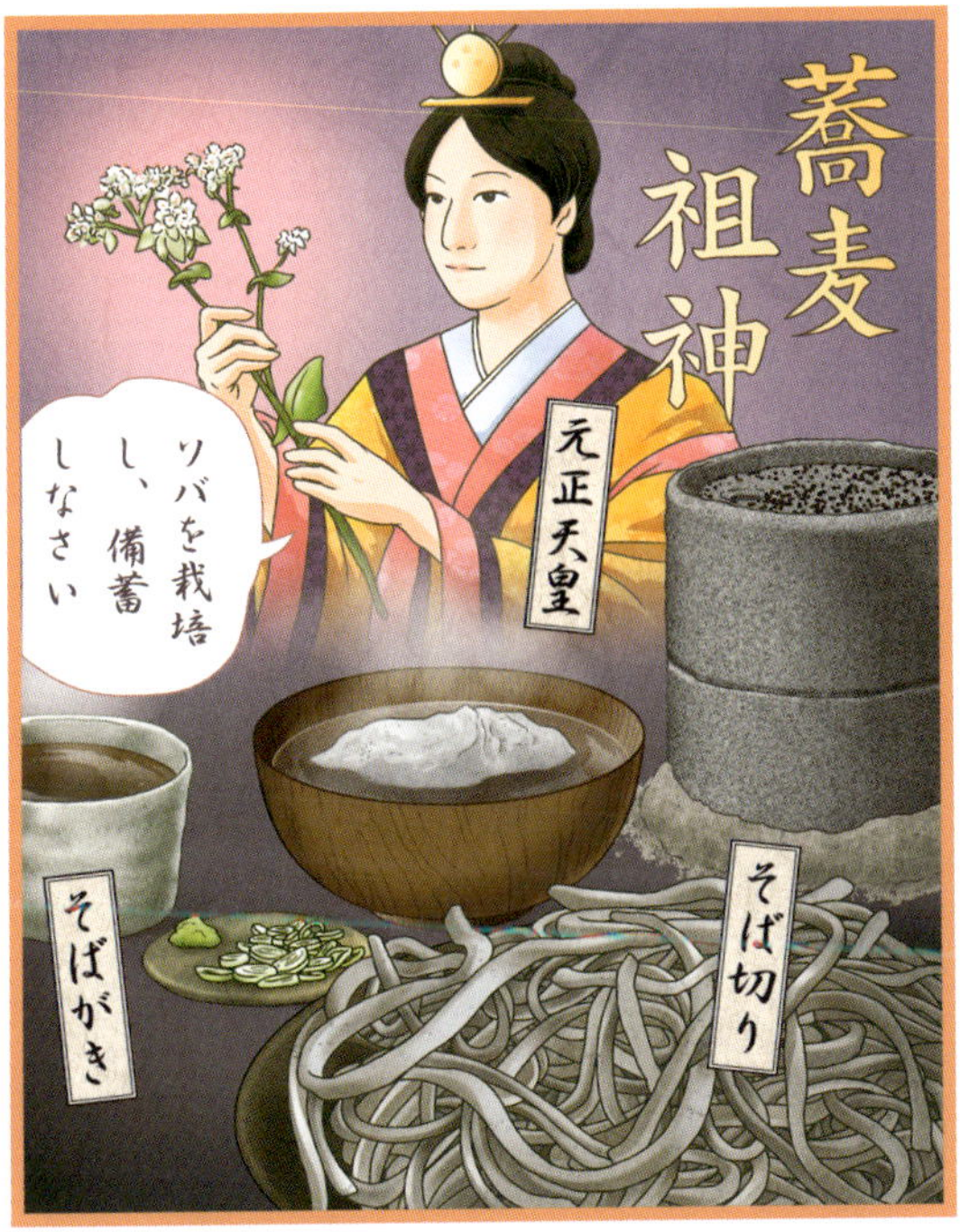

「そば切り」がふるまわれたという記述があります。これが「そば切り」の最古の記録で、戦国時代になってから「そば切り」にして食べるようになったことがうかがえます。

それまでは、そば粉を水や湯で練り、団子のように丸めて食べていました。これを「そばがき」とか「そば練り」といいます。みそやしょうゆなどをつけて食べたようです。

◆

1933年に京都で開催された全国麺業大会で、毎年5月26日に奈良時代の女帝、元正《げんしょう》天皇の墓に「そば」を献上することが決まりました。この日は元正天皇の新暦の命日といわれています。

元正天皇は、722年7月19日に「凶作の対策として積極的にソバを栽培して蓄えるように」という命令を出しています。これがソバを奨励した最初の記録なので、元正天皇を「蕎麦祖神《そばそしん》」とすることにしたのです。

ソバは痩せた土地でもよく育ち、短い期間で収穫できることから、荒れ地や山間部などでは主食のような存在となっていました。そのような地域が、やがてソバの名産地となります。日本に限らず、イギリスやフランス、ドイツなどのヨーロッパでも、痩せた土地では、およそ200年前までソバを小麦のかわりに主食のようにしていたといわれています。

そば②

寺の庵でふるまうそばが大評判に

長生き、再起…願いごとをたくす

江戸時代になると、そばを出す店が登場します。はじめは寺でお参りする人に出していました。有名なのは江戸・浅草（台東区）にあった道光庵《どうこうあん》です。庵《いおり》は僧らが住む小屋のことです。庵主がそばづくりの名人で、参拝者にふるまったところ大評判となり、そば食べたさに大勢の人が殺到したそうです。そば屋に「〜庵」という店名が多いのも「道光庵」にあやかったからだといわれています。

飲食店が出す麺はうどんが主流でしたが、元禄《げんろく》年間（1688〜1704年）にはそばの人気が出始めます。当時のそばは、そば粉だけでできていて、ゆでると切れやすかったため、せいろで蒸して食べました。

日本で最初のそば屋は、浅草で享保《きょうほう》年間（1716〜1636年）に開業した正直仁左衛門《しょうじきにざえもん》の店だと伝えられています。このころには、「つなぎ」に小麦粉を使うようになりました。

「二八《にはち》そば」という言葉を見たことはありますか。これは小麦粉2割、そば粉8割という意味だとされます。ただ、そば1食分の値段の相場が16文《もん》（今の200〜300円）で2×8＝16なので、しゃれで「二八そば」という説もあります。小麦粉などのつなぎを使わないのは「十割そば」です。

◆

年末に年越しそばを食べる人は多いでしょう。年を越すときになぜ、そばを食べるのでしょうか。

そばは長いので寿命が長くのびるように願うという

説が有名です。また、そばは切れやすいので苦労や不運が断ち切れるように願うという説や、そばは胃腸によいので健康で新年を迎えられるように願うという説、作物のソバは風雨で倒れても翌日には立ちあがるので来年の再起を願うという説もあります。

かつては、年末以外にも結納《ゆいのう》そば、節句そばなど人生の節目に長生きを願い、そばを食べる風習がありました。引っ越しのときに「末永くよろしく」という意味で、近所にそばを配る風習は今も残っています。

◆

江戸時代中期には、そばの食べ方に変化が起きます。それまではせいろに盛って汁につけて食べましたが、丼に入れたそばに汁をかけて食べる方法が登場。これを「ぶっかけ」といい、やがて「かけそば」と呼ぶようになります。それと区別するため、盛ったそばを「もりそば」と呼ぶようになりました。

江戸時代後期には「鴨南蛮《かもなんばん》」が登場。「きつねそば」も同じころに生まれたそうです。キツネの好物とされる甘辛く煮た油揚げが入ったそばですね。

一方、天かすを入れたそばを「たぬきそば」といい、大正時代ごろはやったそうです。

タヌキの好物だから「たぬきそば」ではありません。天ぷらの中身が入っていない。つまり、たねを抜いてある「たねぬき」が転じて「たぬき」になったといわれています。

天ぷら

ヨーロッパ生まれで日本で進化？ 天ぷらの由来も語源も謎だらけ

天ぷらは、食材に衣（小麦粉を水で溶いたもの）をつけて油で揚げた料理です。和食の代表といえますが、由来はよくわかっていません。戦国時代に日本に来たヨーロッパ人がもたらしたという説が有力です。しかし、当時のヨーロッパ人は、小麦粉と牛乳を混ぜた衣をつけて揚げたフリッターや、衣をつけずに揚げたものを食べていたとみられ、日本の天ぷらとは調理方法が異なります。

また、天ぷらの語源もはっきりしていません。スペイン語で「天上の日」を意味する「tempora」を語源とする説があります。この日はイエス・キリストの昇天を祝い、キリスト教徒が獣肉を避け、魚肉を油で揚げて食べたそうです。また、「調味」を意味するポルトガル語の「tempero」を語源とする説もあります。ヨーロッパの多くの言語で「寺院」を意味する「temple」からきているとする学者もいます。

◆

油で食材を揚げて食べるものでは、戦国時代以前の日本にも「唐菓子《とうがし》」がありました。米の粉を練って油で揚げたものです。また、室町時代には豆腐を油で揚げた料理もありました。結局、天ぷらがどんな経緯で和食として定着したかは謎なのです。

天ぷらという日本語が初めて登場したのは、江戸時代の1693年に書かれた日記の中です。しかし、どんな料理なのか説明がありません。

「魚や植物をうどん粉（小麦粉）にまぶして油で揚

げる料理」という内容が書かれているのは1748年の『歌仙《かせん》の組糸《くみいと》』という料理本が最初だといわれます。

◆

天明年間（1781～1789年）になると、天ぷらを出す屋台が登場します。現在の私たちにとって、屋台で天ぷらを立ち食いするのは意外に思われますが、

江戸では江戸前（東京湾沿岸）の魚が魚河岸《うおがし》（魚市場）から簡単に手に入り、手軽に屋台で調理でき、おいしかったので、すぐに江戸っ子の間で流行したようです。

当時の天ぷらには串がついていました。屋台では串のついた天ぷらが皿に盛られ、端には丼に入った天つゆ、山盛りの大根おろしがあり、食べたい天ぷらの串を自由に手に取り、つゆにつけて、大根おろしで食べました。1串4文《もん》（50～100円）程度と、手頃な値段でした。

江戸時代の後期には天ぷら料理の専門店も誕生します。こうして天ぷらが和食として定着すると、「金ぷら」というものが登場します。卵黄と上等なそば粉を混ぜた衣をつけて揚げた高価な天ぷらで、その色から「金ぷら」と呼ばれました。明治時代には「銀ぷら」も登場。卵白を多く使って揚げた天ぷらのことです。

また、このころ、旅館や宴会場に出張し、その場で天ぷらを揚げて提供する方法ができました。今では「お座敷天ぷら」と呼ばれています。

納豆

ねばる納豆　水戸名産は明治以降

わらについた菌でおいしく変化？

大豆は豆腐やみそ、しょうゆの材料にもなり、和食に欠かせない食材です。大豆からつくる納豆の歴史を見てみましょう。

納豆は、稲わらについた納豆菌で、蒸した大豆を発酵させてつくります。60センチ程度のわら1本には、約1千万個の納豆菌がついています。

◆

納豆は、平安時代に偶然生まれたという話が伝わっています。源義家《みなもとのよしいえ》が1083～1087年の後三年《ごさんねん》合戦《かっせん》で清原《きよはら》一族と戦ったときに軍馬のえさが不足し、農民に煮た大豆を出すよう命じました。慌てた農民が煮えたばかりの熱い大豆を俵に詰めて出したところ、数日後、納豆に変化していて、食べてみたらおいしかったため、兵の食料にしたのが始まりという説です。

しかし、縄文時代の終わりごろ稲作が日本に伝わり、やがて、わらについた納豆菌で大豆が発酵して納豆になり、それを食べるようになったと考えるのが自然だと思います。

◆

納豆というと、ねばねばの「糸引き納豆」を思い浮かべますが、こうじ菌で大豆を発酵させた糸を引かないものも納豆の一種です。「加塩納豆」や「塩辛納豆」といい、奈良時代に宮中の食事を管理する役所で生産されていたことがわかっています。

このような納豆を僧侶が食べ、寺院の納所《なっしょ》でつくられたので、「納所の豆」から納豆となったという説もあります。語源については、おけ、つぼなどに収（納）めて保存したから、といった説もあります。

◆

江戸時代初期、納豆は冬の食べ物でした。人気が出て一年中販売するようになり、江戸の長屋には毎朝、納豆売りが来たといいます。

最初は納豆を包丁で細かく刻んで薬味と合わせた「たたき納豆」をみそ汁に入れ、納豆汁にして食べていましたが、やがて粒のまま食べるようになったといいます。

◆

現在、糸引き納豆の製造では、茨城県の水戸が有名ですが、水戸で本格的に生産されるようになったのは、明治時代に入ってからのことです。笹沼《ささぬま》清左衛門《せいざえもん》という人が納豆職人を東北から招いて納豆を生産しました。商品化に成功した１８８９年に水戸鉄道が開通しました。観光客や乗客らに、水戸の名産品として駅のホームや駅前で売ったところ、大好評でした。

◆

納豆は日本だけの食べ物ではありません。温暖で湿潤な気候の地域で広く食べられ、中国、韓国、タイ、インドネシア、ネパールなどにもあります（無塩大豆発酵食品）。しかし、コンビニでも売られるなど、これだけ広く納豆を食べているのは日本だけです。その意味で、納豆は完全に和食といっていいでしょう。

豆腐

庶民も将軍も好む中国由来の食材

豆腐　かたさ、味つけ広く楽しむ

豆腐は2100年以上前の中国で、淮南王《わいなんおう》の劉安《りゅうあん》（漢の劉邦《りゅうほう》の孫）がつくり出したという説があります。唐の時代に誕生したという説もあります。

豆腐が日本に伝わった時期もいろいろな説があり、よくわかっていません。しかし、「唐符《とうふ》」という言葉が1183年の春日大社《かすがたいしゃ》（奈良県）の神主の日記に出ています。また、日蓮宗《にちれんしゅう》の開祖・日蓮の手紙（1280年）にも「すり豆腐」という言葉が出てくるので、鎌倉時代に豆腐が伝わっていたのは確実だと思われます。ただ、豆腐が広まったのは、室町時代以降といわれています。

室町時代前期の『庭訓往来《ていきんおうらい》』には、豆腐汁を食べていたことが書かれています。室町時代後期の『七十一番職人歌合《ばんしょくにんうたあわせ》』には、豆腐売りの姿が描かれています。また、『大草《おおくさ》家料理書』には、細く切った豆腐を煮て、さんしょう、こしょう、しょうゆを入れて食べる「うどん豆腐」が紹介されています。

◆

豆腐は、納豆のように豆を発酵させてつくるわけではありません。それなのに「豆が腐る」と書くのはおかしいですね。これは「腐」という字が中国では腐敗や発酵ではなく、やわらかいことを表すからです。

◆

豆腐には大きく分けると木綿豆腐と絹ごし豆腐があります。江戸の豆腐は、今よりもかたかったと考えられています。一方、関西の豆腐は関東よりずっとやわらかく、水に入れて持ち運びをしたといいます。やわらかい絹ごし豆腐を江戸で最初につくったのは、上野に豆腐料理屋を開いていた玉屋忠兵衛《たまやちゅうべえ》で、元禄《げんろく》年間（1688〜1704年）のことだといわれています。

◆

豆腐を好んだのは、庶民だけではありません。江戸幕府8代将軍の徳川吉宗《とくがわよしむね》は、豆腐の味で原料に使っている大豆の産地をあてたといい、発明家として有名な平賀源内《ひらがげんない》は豆腐田楽《でんがく》（長方形に切った豆腐を焼き、みそをぬったもの）が大好物でした。真田幸弘《さなだゆきひろ》という大名の隠居後の食事を記録した『御膳《ごぜん》日記』では、最も多く使われていた食材が豆腐でした。

　また、毎年江戸の将軍にあいさつに来るオランダ人が、帰り道に京都で当時の名物だった祇園《ぎおん》豆腐を食べている姿も、絵に描かれています。

◆

　豆腐はあっさりしているので、さまざまな料理をつくるのに適しています。江戸時代に出版された『豆腐《とうふ》百珍《ちん》』には、100種類もの豆腐料理が紹介されています。この料理本はよく売れたようで、翌年には『豆腐百珍続編』、さらに次の年には『豆腐百珍余録』が出版されています。

　こうして見てくると、豆腐は人々に広く好まれていて、それが現在まで引き継がれていることがわかりますね。

しょうゆ

みそづくりのおいしい副産物・しょうゆ

江戸期にブーム　海外でも珍重

しょうゆは英語で「soy sauce」といい、海外でも日本の調味料として知られています。和食に欠かせないしょうゆには、どのような歴史があるのでしょうか。

しょうゆが現在とほぼ同じ味になったのは江戸時代の中頃です。とくに江戸で多く消費されました。名産地は、江戸の近くで水運が発達した野田（千葉県）や銚子《ちょうし》（千葉県）でした。これらの土地では利根川《とねがわ》や江戸川を利用して船で大豆や小麦、塩を周辺地域から集めることができ、しょうゆづくりに不可欠な水も豊富にありました。また、製造したしょうゆを江戸へ運ぶのにも便利でした。

しょうゆに似た調味料は、江戸時代以前にもありました。中国から伝わった「ひしお」です。塩、こうじ、酒などに穀物を漬け込んで発酵させたものです。漬け込むものは肉、魚、野菜などもあり、塩辛や漬物のような形状でした。穀物からできたひしおの上澄み液が現在のしょうゆに似ています。秋田名物の調味料「しょっつる」は、ハタハタという魚からつくるひしおの一種です。

しかし、ひしおが現在のしょうゆに直接つながるわけではありません。みそづくりの過程で生まれる液体「たまり」が、しょうゆのルーツだといわれています。鎌倉時代、宋《そう》（中国）に留学した僧侶が径山寺《きんざんじ》みそ

の製法を学んで帰国し、紀州（和歌山県）の湯浅《ゆあさ》で人々につくり方を伝えました。あるとき、水分の多いみそができてしまいました。みそだるの底に残った上澄み液をなめてみると、これがとてもおいしい。そのうえ、煮物の調味料にも適していたため、次第に広まったといいます。戦国時代には、商品として製造するようになりました。

湯浅のしょうゆづくりは紀州の漁師たちによって紀伊半島から房総半島へも伝えられ、野田では甲斐《かい》（山梨県）の戦国大名・武田氏にしょうゆを納めるようになりました。

◆

江戸時代には、黒大豆を使用した紫色のしょうゆがブームになりました。来日したオランダ人にも注目され、輸出品としても珍重されました。フランスのルイ14世が料理にしょうゆを使わせたという説もあります。

江戸でのしょうゆの消費量は年々増加しました。はじめはしょうゆのほとんどを上方《かみがた》（京都と大阪）から買っていました。これを「下《くだ》りしょうゆ」といいます。1730年には16万2千だるも入ってきていますが、やがて野田や銚子のしょうゆが下りしょうゆより増えていきます。

しょうゆは完全に定着し、大正時代には焼きのりにしょうゆをつけてご飯の間にはさんだ弁当が流行しました。今の「のり弁」と似ていますね。

南蛮貿易で日本に伝わった「南蛮菓子」

信長、秀吉が天下を取ったころ、ポルトガルなどとの貿易で、それまで日本では貴重だった砂糖を使ったお菓子が伝わりました。私たちの生活になじみ深いお菓子も少なくありません。ここで、南蛮菓子を起源とするお菓子を紹介しましょう。

金平糖《こんぺいとう》

キリスト教宣教師の文書によると、1569年に織田信長のもとを訪ねたとき、フラスコに入った金平糖をおくったと記されています。

カステラ

小麦粉、卵、砂糖、水飴などをまぜてつくるスポンジ状のお菓子で、ポルトガル人がつくり方を伝えました。

マルボーロ

小麦粉、卵、砂糖などをまぜて軽く焼いたお菓子です。今では佐賀を代表するお菓子のひとつになっています。

有平糖《あるへいとう》

語源は、ポルトガル語で砂糖という意味の「アルフェロア」。砂糖と水飴をまぜて煮詰め、棒状に成形したお菓子で、花や果物の形に細工する場合もあります。

カルメラ

ざらめに卵白などをまぜて、煮たうえで泡立たせ、そのままかためた軽石のような形のお菓子です。今でも縁日やお祭りの出店で見かけます。

写真はすべてPIXTA提供

長崎街道（別名：シュガーロード）

江戸時代に整備された脇街道で、小倉（福岡県）―長崎（長崎県）の約230キロを結びました。九州の大名たちは参勤交代のために長崎街道を通って江戸へ向かったのでした。また、鎖国下で唯一海外と接点があった長崎から大阪、江戸へ、海外からの品々、技術を運ぶ道路としても栄えました。貿易品の中には、当時、貴重品だった砂糖もありました。長崎街道沿いでは砂糖やお菓子づくりのノウハウが手に入りやすかったため、砂糖を使った菓子文化が発達したといいます。シュガーロード沿いでは、長崎のカステラ、佐賀のマルボーロ、小城の羊羹、北九州の金平糖などが有名です。

塩田宿の街並み

町の中を流れる塩田川を利用した「川港」としても発展し、物資の集散地として栄えました。塩田川はたびたび氾濫しました。旅程が立たないなどの不便さを解消するため、のちに塚崎宿を経由する道がつくられました。

茶①

中国の喫茶の風習　栄西の体調不良を解消

気分爽快　弱った体によく効く薬

ここから、茶道の歴史を紹介します。日本人は、いったいいつごろから、お茶の葉を粉にしたり、いったりしたものをお湯に混ぜて飲んできたのでしょうか。

◆

喫茶（お茶を飲むこと）の風習は、中国から伝わりました。時期については、奈良時代の729年という説があります。聖武《しょうむ》天皇が100人の僧に「行茶《ぎょうちゃ》」をふるまったと『奥儀抄《おうぎしょう》』という平安時代の書物に書かれています。

また、天台宗を開いた最澄《さいちょう》が805年に唐《とう》（中国）から茶の種を持ち帰り、比叡山《ひえいざん》（滋賀県・京都府）のふもとに植えたのが始まりだとする説もあります。

やがて、お茶を飲む習慣が貴族の間で広まります。朝廷は各地にお茶の木を植えさせ、茶葉を納めさせました。朝廷も京都に茶園を設けています。しかし、894年に遣唐使を停止して中国との交流がなくなったことで、喫茶の風習はいったん途絶えたようです。

その後、この風習を再びさかんにしたのは、鎌倉時代に臨済宗《りんざいしゅう》をおこした栄西《えいさい》です。

のちに茶祖と呼ばれるようになった栄西が茶のすばらしさに驚いたのは、宋《そう》（中国）で修行していたときのことです。真夏の修行で、あまりの暑さに体調を崩したときに茶を服用したところ、気分爽快になったのです。

そこで栄西は、暑いときは涼しく、寒いときは温かくしてくれる喫茶の効能を知りました。留学中は茶に

ついて研究し、帰国のときに茶の種を持ち帰りました。

茶の種は、肥前国《ひぜんのくに》（佐賀県、長崎県）と筑前国《ちくぜんのくに》（福岡県）の境にある脊振山《せふりさん》に植えられました。また、栄西から種を譲り受けた明恵《みょうえ》が山城国《やましろのくに》（京都府）の栂尾《とがのお》などで栽培し、寺院を中心に各地へ広まっていきました。

◆

栄西は1211年、茶に関する日本初の効能書『喫茶養生記』を著しました。鎌倉幕府の3代将軍 源実《みなもとのさね》朝《とも》の具合が悪くなったとき、栄西は『喫茶養生記』を献上しています。

本の中で栄西は「中国ではお茶は養生の薬で延命にも役立つので、私は日本の医学に新風を吹き込むつもりです」と語り、「とくに茶の苦みは五臓《ぞう》六腑《ぷ》の中で最も大切な心臓に劇的に効く。心臓が健康なら、すべての臓器はきちんと機能するので、茶はまさに万能薬なのです」と述べています。また、二日酔い、眠気、倦怠感《けんたいかん》の解消などに対しても効果があると説いています。

◆

室町時代の『庭訓往来《ていきんおうらい》』には、当時の茶の産地が記されていますが、その中に京都の宇治《うじ》や駿河《するが》（静岡県）の清見《きよみ》などがあることから、現在の宇治茶や静岡茶の名産地では、当時すでに茶がさかんに栽培されていたことがわかります。

茶②

「本茶」あてゲームで一時はギャンブルに　派手な遊びから静かな楽しみへ

鎌倉時代の終わりごろになると、お茶を飲んで「本茶」をあてるゲームがおこなわれるようになりました。本茶とは、京都の栂尾《とがのお》でつくられる最高級のお茶のことです。貴族が集まって、何種類ものお茶を飲みくらべ、本茶か、それ以外の茶（非茶）かをあてる遊びです。鎌倉時代に茶の生産地が各地にできて、味に違いが出たために可能になりました。

◆

光厳《こうごん》天皇の日記では「飲茶勝負」としていますが、やがて「闘茶《とうちゃ》」と呼ばれるようになります。ルールも複雑になり、多くあてた人に高級な賞品が出たり、物品やお金をかけたりするようになりました。このため、室町幕府の法律『建武式目《けんむしきもく》』では、闘茶で大きなかけをすることを禁止しました。

◆

当時は、貴族や武士が大勢集まってお茶を楽しみました。そうした茶会を「茶寄合《ちゃよりあい》」といいます。参加者の多くが派手な衣装を着て、きらびやかなようすだったことが書物に記されています。

茶寄合の会場は、高価な唐物《からもの》（中国から輸入した絵画など）やヒョウの毛皮などで飾りつけられました。茶寄合のあとで酒盛りをするなど、ずいぶん派手に遊んでいたようです。

◆

室町幕府の8代将軍・足利義政《あしかがよしまさ》のころ、新しい建築様式が広まりました。禅宗の僧侶の居間や書斎から始

まった「書院造《しょいんづく》り」です。床《とこ》の間《ま》、違い棚、明かり障《しょう》子《じ》などのある畳の部屋（書院）を備えた住宅様式で、のちに和風建築の原型になったといわれています。書院造りの例としては慈照寺《じしょうじ》（京都府）の東求堂同仁斎《とうぐどうどうじんさい》が有名です。

やがて、そうした書院でも茶会が開かれるようになりました。

書院における茶会の形式をととのえたのは、義政のそばで芸事の相手をしていた能阿弥《のうあみ》です。彼は水墨画《すいぼくが》、連歌《れんが》、立花《たてはな》（のちの華道）にも秀でていたといいます。

能阿弥が提唱した茶会の形は、床の間に唐絵《からえ》（中国の絵画）の掛け軸を垂らし、香炉《こうろ》（香をたく道具）、花瓶《かびん》、燭台《しょくだい》（明かりをともす道具）を置くものでした。この3つを三具足《みつぐそく》といいます。

さらに湯瓶《とうびん》（湯を入れるもの）、食べ物の入った籠形の漆器を置き、書院用の机を畳の部屋に入れ、机の上には文鎮《ぶんちん》、すずり箱などの文房具を飾りました。

このころにはギャンブルのような闘茶ではなく、書院に飾られた唐物などを鑑賞しながら静かに茶を楽しむようになっていきました。

今の茶道のもとになった形を考案したのは、村田珠《むらたじゅ》光《こう》という人で、能阿弥の弟子でした。この人物についてはこのあと紹介しますね。

茶③

ゆったりと味わう「わび茶」の祖・珠光

茶室ではみな平等で尊敬しあう

室町時代の茶人・村田珠光《むらたじゅこう》は、現在の茶道の原型をつくりあげました。確かな史料がなかったため、かつては架空の人物ではないかといわれてきましたが、今は実在したことがわかっています。

◆

珠光が奈良の称名寺《しょうみょうじ》にいた若いころ、まじめに修行しなかったので寺から追い出され、京都で暮らすようになりました。40歳のころ、能阿弥《のうあみ》から茶を学び始め、大徳寺《だいとくじ》（京都）の高僧・一休宗純《いっきゅうそうじゅん》からは禅を学んだそうです。そのようにして禅の精神を茶の世界に導入し、わび茶という形式をつくりあげたのです。そのため、村田珠光は「わび茶の祖」と呼ばれています。

珠光のあとにわび茶を継承した武野紹鷗《たけのじょうおう》は「わびとは正直に慎み深くおごらないさまだ」と述べています。

珠光は、それまでの大勢による茶寄合《ちゃよりあい》をやめ、4畳半の茶室をつくり、主人（亭主）が少数の客を迎え、落ち着いた環境で心をととのえ、ゆったりと茶を味わう茶会を大切にしました。茶席でのお酒やどんちゃん騒ぎも禁止。茶室には中国渡来の派手な絵ではなく、高僧の書などを飾りました。

茶室に「にじり口」という、かがんで入る狭い出入り口をつけました。にじり口からは、どんなに偉い人でも、茶室の主人に頭を下げて入ってくることになります。

珠光は「身分の高い者を粗末に扱い、身分の低い人に律義に応対しなさい」と述べています。これは人間

はみな平等であるという思想といえます。

珠光は、茶会の場では「これが一生にいちどであるつもりで、会を主催した亭主を敬いなさい」と述べています。これを「一期一会《いちごいちえ》」といいます。一方、亭主に対しては「できるだけ客を敬い、相手を茶の名人だと考えなさい」としています。

主人と客がたがいを尊敬しあい、狭い茶室の中で心と心を通わせあいつつ、茶を飲むことが大切だと考えたのです。

◆

わび茶は戦国時代に急速に広まり、豪商や大名の中にも茶人が多く現れました。その代表が織田信長《おだのぶなが》です。広大な領土を支配した信長は、全国各地からすばらしい茶道具を集め、ときには家臣にほうびとして与えました。

たとえば、戦功のあった滝川一益《たきがわかずまり》は、信長から上野《こうずけ》国《のくに》（群馬県）と信濃《しなの》国《のくに》（長野県）の一部を与えられましたが、「私は村田珠光が大切にしていた珠光小茄子《こなすび》（茶入《ちゃいれ》）が欲しかった」と嘆いたといいます。

◆

身分の高い人に仕えて茶事《ちゃじ》を担う師匠を茶頭《さどう》といいます。堺《さかい》の今井宗久《いまいそうきゅう》、津田宗及《つだそうぎゅう》、千利休《せんのりきゅう》の3人が信長の茶頭として活躍しました。千利休は、わび茶を大成させたことで有名です。次に千利休についてくわしく紹介しましょう。

茶④

豊臣家に信頼された茶人・千利休

千人参加の大茶会 プロデュース

茶道を大成したといわれる千利休《せんのりきゅう》は堺《さかい》（大阪府）の納屋衆の家に生まれました。納屋衆は今でいう貸倉庫業者のことで、海のそばに大きな倉庫を持ち、それを貸す魚問屋でした。

本名は田中与四郎。利休という名は１５８５年に宮中でおこなわれた茶会で朝廷から与えられた１日だけの居士号《こじごう》、つまりニックネームのようなものでした。それを気に入ってずっと使うようになったのです。

19歳で本格的に武野紹鷗《たけのじょうおう》からわび茶を学び、やがて茶人として頭角を現します。織田信長《おだのぶなが》の茶頭《さどう》として仕え、豊臣秀吉《とよとみひでよし》にも重用されました。

◆

１５８７年10月、秀吉が主催する北野大茶湯が北野天満宮（京都）でおこなわれました。中心となってプロデュースしたのは利休で、全国から約千人が参加しました。

秀吉は、「ありあわせの茶道具を持って、だれでも自由に参加せよ。私が自ら茶をごちそうし、所有する有名な茶道具を見せてあげよう」と町人や農民だけでなく外国人にも呼びかけました。茶会のため、２畳の茶室が約８００も建てられたそうです。

当日は、北野天満宮の拝殿に黄金の茶室を組み立て、秘蔵の茶道具を飾り、秀吉が自ら茶席を設けて客に茶をたてたといいます。前代未聞の大イベントでした。

◆

利休は茶人として秀吉に信頼されるだけでなく、側

近としても活躍しました。秀吉の九州平定や小田原（神奈川県）平定のときも現地へ赴き、茶会を開いています。秀吉の弟・秀長《ひでなが》が豊後《ぶんご》（大分県）の大名・大《おお》友義鎮《ともよししげ》（宗麟《そうりん》）に「内々のことは利休に、公のことは私に任せなさい」と耳打ちしたほど、利休は豊臣家から信頼されていたのです。

ところが1591年2月13日、利休は秀吉から「堺へ戻って謹慎せよ」と命じられました。その後、京都に送られた利休は2月28日に切腹させられます。罪状には「茶器の売買で暴利をむさぼった。大徳寺《だいとくじ》（京都）山門の楼閣（上層部分）に自分の木像を安置した」と記されていました。

　1589年に利休が大徳寺の山門に壮麗な楼閣を寄付したことに感謝して、寺側が利休の木像をつくり、中に置いたのです。秀吉はこれを知って「私や朝廷の使いが門を通るとき、利休に踏みつけられる」と不機嫌になったといいます。

　しかし、利休が失脚した一番の原因は、うしろ盾の秀長が亡くなって石田三成《いしだみつなり》との勢力争いに敗れたことや、利休の娘を側室にしたいという秀吉の申し出を断ったことではないかといわれています。

◆

　今でも山崎（京都）には利休がつくった妙喜庵待庵《みょうきあんたいあん》という茶室が残っています。事前に申し込めば見学できるので、興味がある人は訪れてみるといいですね。

茶⑤ 利休の死後、派手な茶わん、広い茶室も

千家は民間の茶道を盛り上げる

千利休《せんのりきゅう》が豊臣秀吉《とよとみひでよし》に切腹させられたものの、わび茶が絶えたわけではありません。弟子や子孫が受け継ぎました。弟子のうちすぐれた7人を「利休七哲」といい、織田信長《おだのぶなが》の弟の有楽《うらく》、キリシタン大名の高山右近《たかやまうこん》らがいました。その中の細川忠興《ほそかわただおき》と古田織部《ふるたおりべ》は、秀吉から謹慎を命じられた利休が堺《さかい》（大阪府）へ向かうのを見送りました。ほかの弟子が関わるのを恐れて来ない中、利休はふたりの見送りをとても喜んだそうです。

◆

利休の死後、細川忠興は利休の茶の作法を忠実に継承しましたが、古田織部は次々に新しい工夫を加えていきました。派手な焼き物の茶わんを使ったり、露地（茶室の小庭）にタンポポを植えたり、茶室を広くしたりしたのです。利休はよく「私のまねをするな」と弟子にいっていたので、その教えにならったのでしょう。

織部は信長、秀吉らに仕えた大名です。利休亡きあと、茶道の第一人者となり、江戸幕府2代将軍・徳川《とくがわ》秀忠《ひでただ》の茶の先生となりました。しかし、大阪冬の陣で豊臣秀頼《ひでより》に徳川方の情報をひそかに教え、夏の陣では豊臣方と結んで謀反を起こそうとしたとして、切腹を命じられました。織部は一切弁明しなかったので、こうした行動の理由は不明です。古田家はこれで絶えてしまいました。

◆

しかし、織部の茶の作法は多くの弟子に継承されました。そのひとりが上田重安《うえだしげやす》です。織田信長の重臣・

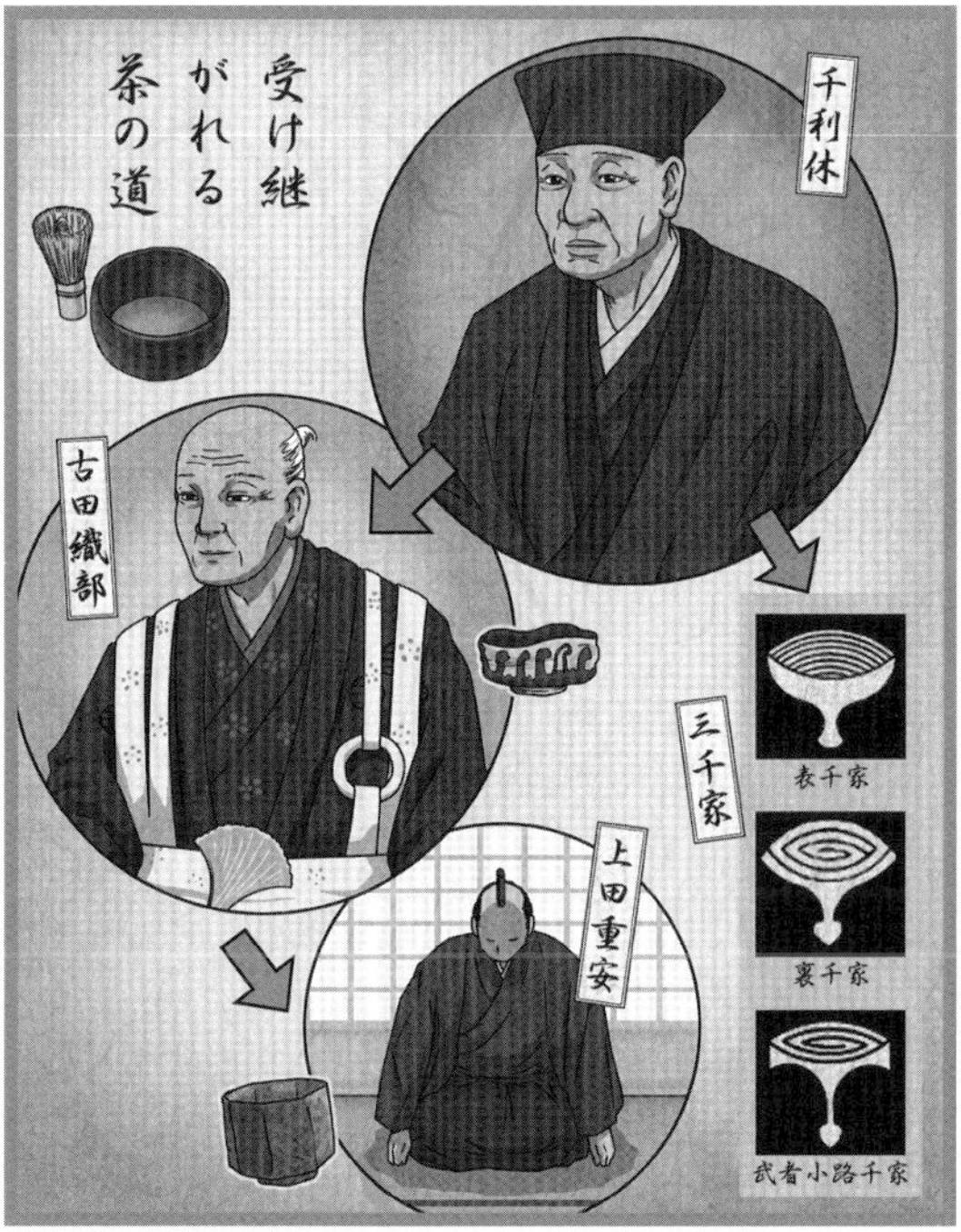

丹羽《にわ》長秀《ながひで》の家来から、秀吉の直臣となり、関ケ原の戦いでは西軍についたことで徳川家康《いえやす》から領地を没収されました。そのあと、浅野《あさの》幸長《よしなが》に仕えました。

重安は利休から茶を学んだあと、織部に師事しました。自分で楽焼の茶わんを焼き、茶杓《ちゃしゃく》や花入れをつくり、浅野家の屋敷に遠鐘《えんしょう》という数寄屋《すきや》（茶室）をつくりました。

茶の用意がととのうと、重安は露地で待つ客人に鉄砲を撃って知らせました。にじり口から茶室に入ると、床の間には花のかわりにかぶとが置かれていたといいます。まさに、武将の茶道といえますね。

◆

一方、利休の死後、千家《せんけ》は断絶となって家族は離散しますが、秀吉の晩年に許され、再興されました。千利休の孫・宗旦《そうたん》は利休の末路を見て、将軍家や大名など権力に近づくことをせず、民間に茶道を普及させることに力を尽くしました。

宗旦の次男・宗守《そうしゅ》は、京都の武者小路《むしゃこうじ》に官休庵《かんきゅうあん》という茶室をつくりました。宗旦は不審庵《ふしんあん》という利休の茶室を三男・宗左《そうさ》に譲り、不審庵の裏に建てた今日庵《こんにちあん》という茶室を四男・宗室《そうしつ》に譲りました。

やがて宗守の子孫は武者小路千家、宗左の子孫は表《おもて》千家、宗室の子孫は裏《うら》千家という茶道の流派になっていきます。これらを合《あ》わせて「三千家」と呼び、今も続いています。

書道①

中国の「書聖」王羲之 日本でも大人気
伝説の書家・空海 5本の筆操る？

ここから、書道を取り上げます。

日本には多くの書道の流派がありますが、もともとは中国から入ってきました。日本人は中国の文化にあこがれ、遣唐使などを派遣してさまざまな制度や文化を導入しました。書についても、貴族は積極的に中国の能書家（字の上手な書道の達人）が書いたものを手に入れ、書き方をまねました。

◆

奈良時代から平安時代にかけて、日本で最も人気があった中国の書家は王羲之《おうぎし》です。晋《しん》の時代に活躍し、芸術的な書で「書聖」と呼ばれました。多くの能書家の中で、王羲之の人気はダントツでした。

奈良時代には王羲之の「双鉤填墨本《そうこうてんぼくぼん》」がたくさん輸入されました。双鉤填墨本は、書いた文字の上に紙をのせて輪郭を写し取り、その中を墨で塗って埋め、本物の文字と同じようにした書物です。聖武《しょうむ》天皇が結婚するとき、王羲之の双鉤填墨本を妻・光明子《こうみょうし》に贈っています。

◆

平安時代初期になっても王羲之の人気は変わらず、天台宗《てんだいしゅう》を開いた最澄《さいちょう》や、真言宗《しんごんしゅう》を開いた空海《くうかい》も、王羲之の書体をまねて文章を書きました。

空海は能書家として知られ、嵯峨《さが》天皇、橘逸勢《たちばなのはやなり》とともに書の上手な「三筆《さんぴつ》」と呼ばれました。「弘法《こうぼう》筆を選ばず」「弘法も筆の誤り」ということわざがありますが、この弘法は空海のことです。彼はさまざまな

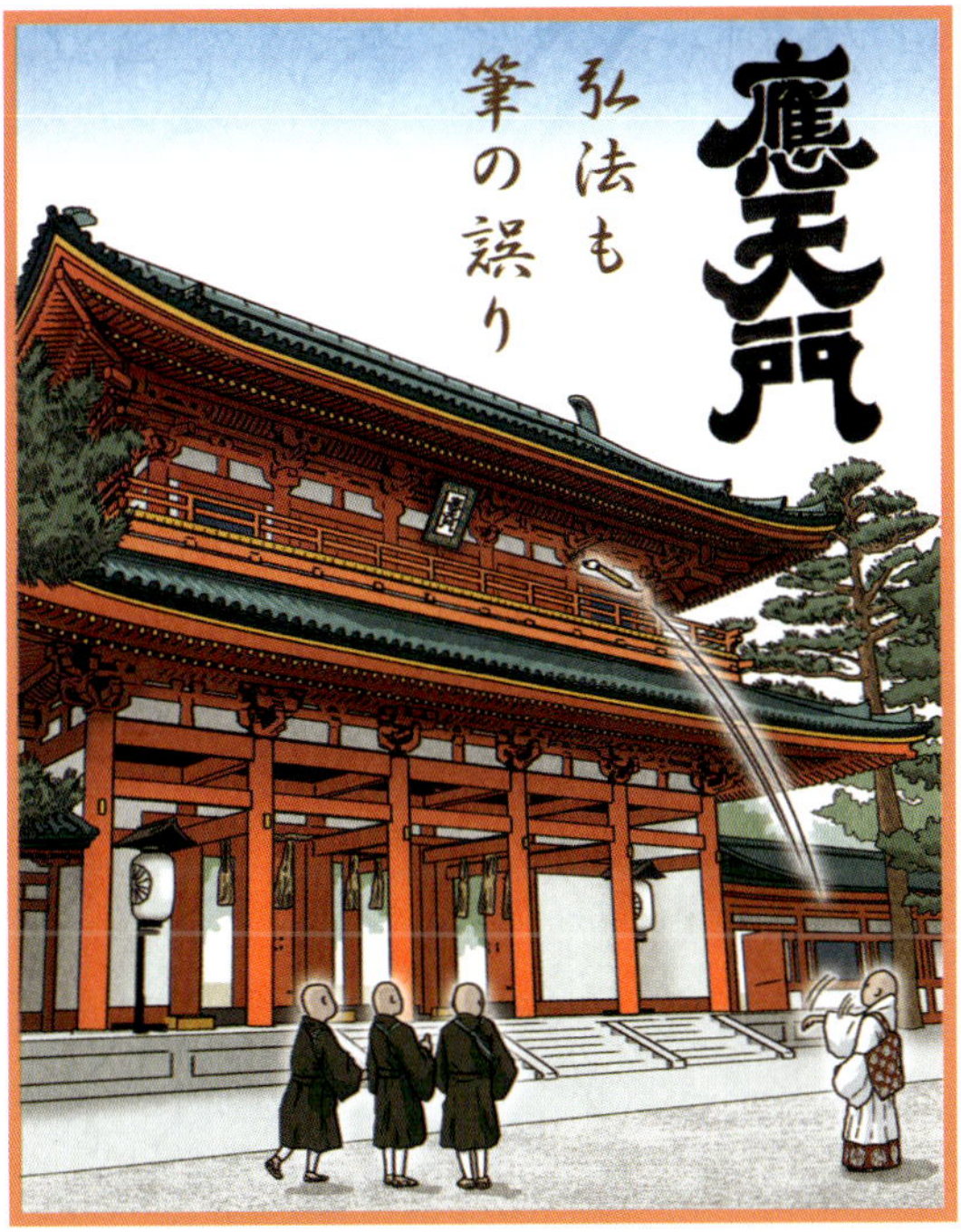

書体を書きこなせたことが、現在に残る筆跡からわかっています。

唐（中国）の皇帝に求められ、空海が手足と口に合わせて5本の筆をはさみ、同時に5行の詩を書いたという伝説も残っています。また、空海が平安京の「応天門《おうてんもん》」の額を書きましたが、いざ額を門に掲げてみると、点がひとつ足りません。これを知った空海は墨をつけた筆を下から放り上げ、見事、点を書き加えたといいます。このエピソードが「弘法も筆の誤り」という言葉のもとになりました。

空海の代表的な筆跡は『風信帖《ふうしんじょう》』。最澄にあてた書状で、3通がつながった巻き物です。かつては5通ありましたが、1通は盗まれ、もう1通は、関白の豊臣《とよとみ》秀次《ひでつぐ》が欲しがったので与えてしまったということです。

当初『風信帖』は、最澄が開いた比叡山延暦寺《ひえいざんえんりゃくじ》（滋賀県）に保管されましたが、今は空海ゆかりの東寺《とうじ》（京都府）にあります。1通目が「風信雲書自天翔臨……」で始まることから、風信帖の名がつきました。

◆

三筆のひとり、橘逸勢の筆跡は「伊都内親王願文《いとないしんのうがんもん》」があります。独特でインパクトがある書体ですが、本当に逸勢が書いたという確証はなく、ほかに彼の筆跡とされているものも決定的な証拠はないといいます。ひょっとしたら、能書家なのに現存する書がない可能性もあるのです。

書道②

国風文化　柔らかい書風の和様登場

藤原行成　字にも表れる冷静さ

平安時代初期まで、日本の貴族に人気があったのは、中国の書家の文字でした。こうした中国風の書風を「唐様《からよう》」といいます。

894年に遣唐使《けんとうし》が停止されると、それまでに取り入れられた中国の文化が浸透したうえで日本独自の新たな文化（国風文化）が花開きました。

書の世界でも日本独自の柔らかい書風が登場しました。これを「和様《わよう》」といいます。小野道風《おののみちかぜ》、藤原佐理《ふじわらのすけまさ》、藤原行成《ふじわらのゆきなり》の3人がその名手で、「三蹟《さんせき》」と呼ばれました。小野道風が和様を考案し、藤原佐理が発展させ、藤原行成が大成したといわれています。

◆

小野道風は、遣唐使が停止された年に生まれました。歌人・小野篁《おののたかむら》の孫で、早くから書の達人として知られていました。926年に寛建《かんけん》という僧が醍醐《だいご》天皇に中国へ渡る許可を求めたとき、醍醐天皇は彼に道風の書を持たせました。「こんなに字のうまい日本人がいるぞ」と中国の人々に自慢しようとしたといいます。

◆

道風は生まれながらの天才だったわけではないようです。若いころ、文字が上達しないことにがっかりし、庭にたたずんでいたときのこと。池のほとりにいたカエルがとびあがって柳の枝に移ろうとしましたが、うまくいきませんでした。それでもカエルは諦めず、何度も何度もとびました。するとだんだん高くとびあがるようになり、ついには枝にとび移ることができたの

です。このとき道風は、努力することの大切さを悟ったといいます。

◆

道風の書を引き継ぎ、和様を大成したのが藤原行成でした。行成は太政大臣で摂政《せっしょう》だった藤原伊尹《ふじわらのこれただ》の孫で972年に生まれました。幼いときに父の義孝《よしたか》が亡くなったこともあり、なかなか出世できませんでした。

行成の書は端正で優雅です。彼の性格を次のエピソードが表しています。

あるとき、藤原実方《ふじわらのさねかた》という貴族が、いきなり行成の冠を奪い取り、庭に投げ捨てました。しかし、行成は少しも騒がず、担当の役人を呼んで落ちた冠を拾わせ、再び冠をかぶり、「いったいどうしたのだ。このような仕打ちを受ける覚えはない。理由を聞かせてもらおう。そのうえで対処する」と落ち着いていいました。実方は自分の短気を恥じて、その場から逃げたといいます。

このようすを遠くで見ていた一条《いちじょう》天皇は、行成の冷静さに大いに感心し、その後、彼を取り立てたそうです。

◆

小野道風や藤原佐理の子孫には能書家は出ませんでしたが、行成の子孫の藤原伊房《ふじわらのこれふさ》、定実《さだざね》、定信《さだのぶ》らは非常に書が美しく、朝廷の書役《かきやく》（書記官）をつとめました。その後も多くの能書家が出て、やがて世尊寺流《せそんじりゅう》という書道の一派になりました。

書きやすくて読みやすい「青蓮院流」

信長、秀吉、家康は専門家頼み

茶道、華道、香道といった伝統文化では、すぐれた達人が現れると弟子や子孫が達人の手法を踏襲して流派になっていきます。ここでは書道の流派をいくつか紹介しますね。

平安時代中期の代表的な能書家「三蹟《さんせき》」のひとり、藤原行成《ふじわらのゆきなり》の子孫は「世尊寺流《せそんじりゅう》」という一派をつくり、朝廷の書役《かきやく》（書記官）として活躍しました。室町時代に17代目の行季《ゆきすえ》が亡くなると跡継ぎがなく、世尊寺流は途絶えてしまいました。書役がいなくなって困った後奈良《ごなら》天皇は、世尊寺流の秘伝を受けていた持明院基《じみょういんもと》春《はる》を書役にし、以後、その子孫が「持明院流」として書役をつとめました。

◆

貴族の中で最も地位の高い摂関家の藤原忠通《ふじわらのただみち》が始めた書道の流派を「法性寺流《ほっしょうじりゅう》」といいます。その書は世尊寺流にくらべて力強く、最後の一画を長く伸ばすところが特徴です。忠通の筆跡は字の手本として重んじられ、鎌倉時代に流行しました。

◆

忠通は政争に巻き込まれ、波乱に満ちた人生を送りました。忠通の父の忠実《ただざね》も関白でしたが免職となり、かわって長男の忠通が関白になりました。忠実は、男子が生まれなかった忠通のため、頼長《よりなが》（忠通の弟）を忠通の養子にしました。しかし、のちに忠通に次々と男子が生まれると「わが子に摂関職を継がせたい」と考え、忠通は頼長との養子関係を解消しました。それに怒った忠実から絶縁され、摂関家の当主の地位も頼長に奪われてしまいました。

当時、天皇家でも分裂騒ぎが起きていました。忠通は後白河《ごしらかわ》天皇に接近、一方、頼長は位を譲った崇徳上《すとくじょう》皇《こう》と結び、武士を集め京都で戦いました。それが1156年の「保元《ほうげん》の乱」です。頼長は敗死し、忠通は再び摂関家の当主になりました。

◆

「三天下人」といわれる織田信長《おだのぶなが》、豊臣秀吉《とよとみひでよし》、徳川《とくがわ》家康《いえやす》が自分で文書を書くことはめったにありませんでした。「右筆《ゆうひつ》」という専門家に書かせたのです。天下人の右筆は「青蓮院流《しょうれんいんりゅう》（お家流《いえりゅう》）」の字を書きました。

室町時代に定着した流派で、祖は伏見《ふしみ》天皇の子・尊《そん》円《えん》法親王《ほうしんのう》です。14歳で出家、修行し、青蓮院門跡《もんぜき》となったことから青蓮院流の名がつきました。門跡は皇族や貴族が住職をつとめる寺院や住職自身のことです。僧侶は結婚しないので、子孫が当主を継ぐことはありません。青蓮院の住職になった赤の他人が継承しました。青蓮院流は江戸幕府のほか各地の藩でも採用され、庶民の寺子屋でも教えられました。

室町時代から江戸時代までも栄えたのは、この流派の書体は癖がなく、書きやすくて読みやすいからだといわれています。

中世にはほかにも数えきれないほど多くの流派が生まれましたが、残念ながら多くが衰退しました。

江戸初期、一番の能書家はだれ？

秀吉に反発　近衛信尹の書風流行

平安時代後期の関白・藤原忠通《ふじわらのただみち》は「法性寺流《ほっしょうじりゅう》」の祖でしたが、戦国時代に同じく関白をつとめた近衛信尹《このえのぶただ》も達筆でした。信尹は1585年に左大臣となりました。

そのころ、正親町《おおぎまち》天皇が羽柴《はしば》（のちの豊臣《とよとみ》）秀吉《ひでよし》に右大臣の職を与えようとしました。しかし秀吉は「主君・（織田《おだ》）信長《のぶなが》の最高位は右大臣。殺されたので、右大臣は縁起が悪い」と断ったのです。そこで天皇は左大臣だった信尹を辞任させ、秀吉を左大臣にしようとしました。

信尹はさらに上の関白職を望みましたが、関白に就任したばかりの二条昭実《にじょうあきざね》は信尹に譲るのを拒み、争いに発展しました。そこへ秀吉が出てきて、争いを仲裁するような形で自分が関白になったのです。そして、1591年には関白の職をおいの秀次《ひでつぐ》に譲ってしまいました。信尹はこれに腹を立て左大臣を辞任、朝廷にも行かず、庶民のようなふるまいをするようになりました。

◆

1592年、信尹は朝鮮出兵を始めた秀吉に無断で京都を抜け出し、出兵の基地になっていた肥前国《ひぜんのくに》の名《な》護屋《ごや》城（佐賀県）へ向かいました。朝鮮に渡ろうとしたのです。そのようなふるまいなどで信尹は後陽成《ごようぜい》天皇のお叱りを受け、薩摩国《さつまのくに》（鹿児島県）へ流されました。

薩摩での3年の間に信尹は京都の文化を伝え、独特の書風も編み出しました。奔放な性格がにじみ出る大きくて力強い文字でした。最大の特徴はひらがなです。漢字に対してひらがなを小さく書くのが当時の常識でしたが、信尹は大きく書きました。

◆

信尹は1605年に関白に就任しました。あるとき、京都の芸術家で能書家でもある本阿弥《ほんあみ》光悦《こうえつ》と会う機会

がありました。信尹が「今の世で一番の能書家はだれか」とたずねると、光悦は「まず」といい、それから「次は君（信尹）」、その次は「松花堂昭乗《しょうかどうしょうじょう》」と述べました。昭乗は石清水八幡宮《いわしみずはちまんぐう》（京都府）の僧で、古代の書風を学びました。わかりやすくととのった字を書く能書家として有名でした。

光悦の返答に対し信尹は「まず、とはだれのことだ」とたずねました。すると光悦は「恐れながら私のことです」といったのです。この話は言い伝えですが、江戸時代初期、近衛信尹、本阿弥光悦、松花堂昭乗の3人は「寛永《かんえい》の三筆《さんぴつ》」といわれ、多くの人がその書風をまねました。

◆

信尹には家を継ぐ男子がいなかったので、妹と後陽成天皇の間に生まれた信尋《のぶひろ》を養子としました。信尋は信尹に書を学び、その書風は江戸時代に「近衛流（三《さん》藐院流《みゃくいんりゅう》）」として流行しました。

みなさんも博物館で能書家の書を見てみると、すばらしさを実感できると思いますよ。

華道①

仏教の風習に限らず鑑賞楽しむ

瓶や歌との美、洗練され華道に

ここから、華道を取り上げます。

華道は生け花、立花《たてはな》ともいい、瓶などに花や草を美しく生ける芸術です。華道が一定の様式としてととのうのは室町時代、大成するのは江戸時代といわれています。

◆

美しい草花を屋外で見るだけでなく、屋内でも鑑賞したいと思うのは自然な感情です。華道の様式が確立する前から人は花を生けていました。

華道の最も古い記録は平安時代までさかのぼります。当時の歴史物語である『栄華《えいが》物語』には、摂関政治で有名な藤原道長《ふじわらのみちなが》が仏間の観音像の前に瑠璃《るり》（青いガラス）のつぼを置き、そこにカラナデシコやキキョウを生けたことが記されています。紫式部《むらさきしきぶ》の『源氏《げんじ》物語』にも銀の花瓶にハスの花を挿《さ》して仏像に供える場面があります。どちらも仏前に花を供える仏教の風習「供《く》花《げ》」です。

清少納言《せいしょうなごん》の随筆『枕草子《まくらのそうし》』にある「青い大きな瓶に満開のサクラの枝を挿した」という部分には仏教に関する記述がないので、鑑賞するために花を飾ったと思われます。

◆

平安時代の貴族たちは「花合わせ」というゲームを楽しんでいました。左右に分かれて持参した花を見せ合い、審判に花の優劣を判定してもらいます。花に和歌をそえ、その優劣も競いました。このゲームはやがて、花瓶に花を挿し、瓶と花の優劣を競う「瓶花《へいか》」になっていきます。

室町時代の1379年、二条良基《にじょうよしもと》という貴族の屋敷に24人が集まり、左右に分かれて生け花を競ったという記録も残っています。

◆

佐々木道誉《ささきどうよ》という南北朝時代の武将は、派手で自由にふるまうことで有名でした。あるとき、美しく咲き誇る4本のサクラの木を見て「あの木々の根元に花瓶のようなものをくっつけ、花瓶に生けたようにせよ」と部下に命じました。こうして巨大なサクラの生け花が完成し、貴重な香をたいて、宴会をしたといいます。

七夕の日に生け花を持ち寄り、広間などに並べて鑑賞しながら酒宴を開く「七夕法楽《たなばたほうらく》」という行事もさかんになりました。室町幕府3代将軍の足利義満《あしかがよしみつ》もたびたび北山殿《きたやまどの》（金閣）で開催しました。

◆

また、和歌や連歌、茶の集まりでも室内に生け花が飾られるようになりました。大切な客が来るときは室内に花を飾るのが礼儀になっていきます。

生け花は、瓶に花を挿せばいいというものではありません。草花の美しさを引き立たせるためには、専門的な技能が求められます。そのため、生け花の専門家が登場してきます。彼らによって華道の様式ができあがっていくのです。

華道②

15世紀　花の装飾のマニュアル本登場

「池坊」　生け花の芸術性高める

室町時代になると茶会、和歌を詠む歌会などの場に、専門家による生け花が飾られるようになりました。専門家は、将軍や大名の近くでさまざまな世話をする「同朋衆《どうぼうしゅう》」の中から現れました。時宗《じしゅう》の僧侶が多く、「〜阿弥《あみ》」という名を持ち、坊主頭が特徴です。

茶会などの準備は同朋衆の大切な仕事のひとつで、絵画やびょうぶ、燭台《しょくだい》、唐物《からもの》（海外からの貴重品）などを並べて会場を飾りました。

◆

同朋衆のうち、花の装飾が得意だったのが能阿弥《のうあみ》、立阿弥《りゅうあみ》、文阿弥《もんあみ》といった面々です。彼らによって華道（立花《たてはな》、生け花）の形式がととのえられていきました。

能阿弥が書いたといわれる『君台観左右帳記《くんだいかんそうちょうき》』は座敷の装飾についてのマニュアル本です。1476年にある守護大名に与えられ、写本が現存しています。花の飾り方も記されていて、生け花の形式について書かれた最初の本といわれています。

1500年代には『仙伝抄《せんでんしょう》』『道閑花伝書《どうかんかでんしょ》』『宗清花伝書《そうせいかでんしょ》』など生け花に関する本が多く書かれました。

◆

立阿弥は、室町幕府の8代将軍・足利義政《あしかがよしまさ》のお気に入りでした。1476年、義政に頼まれてボタンの花を生けました。1486年、義政はウメやスイセンの花を生けに来るよう、立阿弥に使いを送りました。しかし、立阿弥は体調がすぐれず断りました。義政はそ

れを許さず、「必ず来るように」と厳命しました。立阿弥は仕方なく参上し、花を生けました。すばらしいできばえに義政は感激し、酒杯を与えたと伝わっています。

◆

文阿弥も立阿弥と同時代に活躍しました。彼の肖像画の中に書かれた文章には「この人は今年で71歳になるが、花を生けることに天才的な才能があり、彼が草花を大小の花瓶に立てると、あたかもそれは大地から自然に生えているように見える。また、祝いの席や不幸の場など、場面場面にかなったすばらしい花を生ける」とたたえています。

◆

室町時代、同朋衆とは別の生け花の専門家が現れました。池坊専慶《いけのぼうせんけい》で、京都の頂法寺《ちょうほうじ》（六角堂《ろっかくどう》）の僧でした。寺院内の僧の家を「池坊」といいました。ある武家に頼まれ、専慶が多くの花瓶に花を生けて展示したところ、大いに話題となり見物人が殺到しました。

専慶の生け花の流儀は池坊に受け継がれました。池坊専応《せんのう》は『池坊専応口伝《くでん》』という書の中で「美しい花を生ければよいというものではなく、枯れた枝なども使って器の上に自然の姿を表現すべきだ」と述べており、生け花が芸術にまで高まったことをうかがわせます。池坊の流派は同朋衆の生け花の手法などを吸収し、華道を大成していくことになります。

華道③

専好　掛け軸と生け花の見事なコラボ

花に没頭　歯を悪くした天皇も？

「池坊《いけのぼう》」は、室町時代に成立した華道（生け花）の流派で、戦国時代から江戸時代にかけて、最も栄えました。池坊専慶《せんけい》から始まり、戦国時代に活躍したのが池坊専好《せんこう》です。

1594年9月に、加賀（石川県）の大名である前《まえ》田利家《だとしいえ》の屋敷を花で飾ってほしいと織田有楽《おだうらく》（信長《のぶなが》の弟）から頼まれました。天下を取った豊臣秀吉《とよとみひでよし》が利家の屋敷に来ることになったのです。

依頼を受け、専好は見事な生け花を披露しました。大広間の壁にサルが何匹も描かれた掛け軸を4枚かけ、その前に大きな松の砂物（器に砂をしきつめた生け花）を置いたのです。正面から見ると、まるでサルたちが松の木の枝にとまっているように見えました。見事なアイデアに人々は感激したといいます。

◆

専好の跡を継いだ専朝は、2代目専好を名乗りました。その教えを受けて生け花のとりこになったのが、後水尾《ごみずのお》天皇です。

後水尾天皇は宮中に専好を頻繁に招き、生け花に熱中しました。立花《りっか》会といって、10人以上が参加して生け花を競う会をたびたび開きました。貴族だけでなく庶民も参加したといいます。ある年には1カ月に3～5回も立花会を開きました。そんなことから天皇は晩年、「あまりに生け花に没頭したため、歯が悪くなってしまった。おまえもほどほどにしておけ」と息子の堯恕親王《ぎょうじょしんのう》にアドバイスしたといいます。

どうして華道に熱中すると歯が悪くなるのか、そのあたりはよくわかりませんが、日常生活に支障が出るくらい没頭したのでしょう。

◆

生け花に没頭したのは、皇族や貴族だけではありません。武士にもいました。代表格が戦国大名・伊達《だて》政《まさ》宗《むね》です。政宗は京都に来たとき、池坊の人々や近衛《このえ》信《のぶ》尋《ひろ》、四辻季継《よつつじすえつぐ》らを集めて朝から立花会をすることにしました。ところが当日の朝になって政宗は使者を派遣し、「会を昼にしてほしい」と伝えてきたのです。理由は、前の晩に大酒を飲んで、二日酔いになってしまったからでした。ちょっと情けないですね。

◆

2代目池坊専好は1658年ごろに亡くなりました。専好のおかげで池坊の流儀は公家や武家に大いにもてはやされるようになりました。そのため弟子も多く、その中にはのちに4大弟子といわれる大住院《だいじゅういん》以信《いしん》、十一屋弥兵衛《じゅういちややへえ》、十一屋太右衛門《たえもん》、高田安立坊周玉《たかだあんりゅうぼうしゅうぎょく》もいました。

しかし、養子の専存が専好の跡を継いで3年後に亡くなり、7歳の専養が跡を継ぐころには池坊の勢力が弱まっていきました。そうした状況で池坊宗家に匹敵する力を持ったのが、2代目専好の弟子、大住院以信でした。

次は池坊宗家と大住院以信を中心に取り上げます。

華道④

2代目専好の弟子「立花」まとめ教科書に

独自の作風が人気に　宗家ピンチ

池坊《いけのぼう》は最初にして最大の華道の流派です。生け花の形式を確立したのが、2代目池坊専好《せんこう》でした。その死後に跡を継いだ専存は短命で、息子の専養《せんよう》が7歳で池坊の宗家を継承しました。

幼い専養に生け花の技術を伝えたのは高田安立坊周玉《たかだあんりゅうぼうしゅうぎょく》です。周玉は浄土真宗高田派の僧で、専好からあつく信頼された弟子でした。池坊流の奥義をすべて伝授され、専養の後見を任されたのです。

◆

2代目専好は多くの優秀な弟子を育てました。大住院以信、十一屋弥兵衛、十一屋太右衛門、高田安立坊周玉の4人は、のちに4大弟子といわれました。

十一屋太右衛門が書いたといわれている『古今立花大全《ここんりっかたいぜん》』は、2代目専好が大成した立花の様式をまとめたものです。のちのちまで、池坊流の教科書として使われました。『抛入花伝書《なげいればなでんしょ》』という抛入花について初めてくわしく述べた本も書いたといわれています。

それまでの華道の主流は、立花と呼ばれる形式でした。名の通り「しん」をしっかりつくり、まっすぐに花を立てたのです。生け方の形式は専好がきちんと定めました。

一方、抛入花は形式にとらわれず、自由で無造作に花を生けるものでした。江戸時代中期以降は立花より抛入花のほうがはやりました。

◆

大住院以信は本能寺《ほんのうじ》（京都）の僧でしたが、やがて

江戸へ下り、大名家に出入りして華道を披露しました。さまざまな花を使い、大きく曲がった枝を用いた独創的な作風は武家の人気を博し、記録に残っているだけで30以上の大名家に出入りしていました。

池坊流から離れて独自の作風を確立した以信はその後、京都に戻りました。江戸での名声が伝わっていたので、公家から引っ張りだこの人気ぶりでした。

以信が得意だったのが砂物。鉢などに砂をしきつめ、草花を立てる形式の生け花です。1663年の本能寺の開山二百年忌では、高さ4メートル、幅12メートルに及ぶ松の木を使った砂物で人々を驚かせたそうです。2代目専好の高弟でありながら、池坊宗家をしのぐほどの名声を得たのです。

◆

危機感を覚えた周玉は、専養とともに江戸や名古屋など各地へ赴いて池坊の華道を披露し、門人を増やして以信に対抗しました。

1677年、池坊家は以信が京都の誓願寺《せいがんじ》内にある竹林院《ちくりんいん》で「七夕の花」（七夕に花を飾る行事）を計画していることを知り、「それは池坊が独占的におこなってきたことだ」と主張しました。そして、京都町奉行所に訴えを起こしました。このため、以信は京都から去りました。

それ以降、池坊は一門の結束を固めるため、家元制度をつくりました。

華道⑤

江戸時代前期に華道にも家元制度確立

新流派続々江戸へ　より盛んに

華道の最大流派となる池坊《いけのぼう》では、江戸時代前期の元《げん》禄《ろく》時代ごろに家元制度が確立しました。

宗家（伝統的な芸能の流派を開き、正統な芸を伝えることができる家）の当主を頂点に、教えを受け入門する弟子たちがピラミッド形に組織される制度のことです。

初めに茶道や香道で確立し、やがて華道にも広がりました。現在でも、伝統芸能の多くの分野で続いています。

◆

池坊では、諸国に頭職という役職を置き、それぞれの頭職にその国の弟子をまとめさせました。

入門すると、まず頭職のもとで華道の修練を積みます。だんだん技術が上がるにつれ、会中、会宰、会行司のように組織内の役職も上がり、ついには花頭《かとう》、会《え》頭《とう》といった頭職に就任できるのです。

しかし、頭職になっても、生け花の指導を許可する免許状を自分の名前で弟子に与えることはできませんでした。それが可能なのは、家元ただひとりなのです。

◆

江戸時代中期には、新しい華道の流派も現れました。播磨国《はりまのくに》（兵庫県）赤穂《あこう》出身の千葉竜卜《ちばりゅうぼく》は、生け花を『源氏物語』になぞらえる「源氏流」を創始しました。竜卜は関西で生け花を教え始めましたが、やがて江戸に下り、江戸の人々に技術を伝えるようになりました。

新しい流派の開祖には、竜卜のように関西から江戸に下ってきた人々がたくさんいました。

そのひとり、春秋軒一葉《しゅんじゅうけんいちよう》は大阪から江戸に出てきて、茶人の小堀遠州《こぼりえんしゅう》が茶室に飾った花の作法をもとに、「遠州流」を編み出しました。

江戸は日本で最大の人口を抱え、武士や裕福な町人も多く、弟子を増やしやすかったのでしょう。

◆

江戸時代後期の文化・文政期には華道はますますさかんになり、多くの流派が生まれました。

11代将軍・徳川家斉《とくがわいえなり》のころ、幕府が「女性は積極的にお茶や生け花を習うように」と奨励したことが大きな理由ではないかといわれています。

この時期に活躍した池坊宗家の家元は専定《せんじょう》で、門人の数は2万人に及んだといいます。驚きの数《かず》ですね。

専定は1817年3月、京都の東山で「専定師一世納会」を開催しました。今でいう花の展覧会で、2日間にわたっておこなわれました。北から南までの各地から千人あまりの生け花の作品が集められ、展示されたといいます。前代未聞の一大フラワーイベントといえるでしょう。

◆

このように、江戸時代後期になると、華道は日本人にとってなくてはならない習い事になっていったのです。

明治維新で西洋文化の波　華道衰退

科学的知識、「盛花《もりばな》」登場で復興

明治維新は、華道の世界にも激変をもたらしました。欧米の文化を重んじる風潮が広がる一方で、日本の伝統的文化を軽視するようになったのです。このため華道を学ぼうという人々が激減します。とくに東京では、生け花を習う多くの武家や商家が明治維新で没落したため、大きな打撃を受けたといわれています。

◆

当時の家元のようすを示した記録もあります。江戸時代中期に今井宗普《いまいそうふ》が創始した流派・古流《こりゅう》の4代家元・関本理恩《せきもとりおん》が、1871（明治4）年に金沢（石川県）の古流会頭《えとう》の近藤理清《こんどうりせい》に出した手紙です。「稽古に来る人がおらず、生活が苦しいので援助してほしい」と記されていました。やがて東京の古流はすたれましたが、6代家元の千羽理芳《せんばりほう》が古流の諸派を集めました。明治時代後半には花友会《かゆうかい》が組織され、見事に再生しました。

◆

東京では華道がすたれ、多くの流派がなくなりましたが、京都や大阪などでは致命的なダメージをまぬかれたようです。京都が拠点の池坊は、京都博覧会に生け花の作品を出し、健在ぶりをアピールしました。池坊専正《いけのぼうせんしょう》は、宗家に伝わる伝書を新しい世の中に対応するよう再編成し、華道の改革に取り組みました。

専正を助けて各地を回り、華道を広めたのが武藤松《むとうしょう》庵《あん》です。もともと仏教の僧でしたが、維新後、写真家になるために開港地の横浜に来て華道に出合い、感激しました。40歳で池坊に入門した異色の人物です。
1893年に松庵が著した『花道哲学教会之趣旨』には、「花は人に害になる炭素を吸い、人のためになる酸素を出すので、生け花を部屋に置くことは空気を清浄にし、衛生にもよい」といったことが記されています。

西洋の科学や医学の知識を使って近代的な花道（華道）の理論を構築し、のちに松庵は「華仙」と呼ばれました。

◆

小原雲心《おはらうんしん》も華道の復興に貢献しました。はじめは彫刻で身を立てようとしましたが病弱で断念し、幼いころから習っていた池坊の華道で生きる決意をしたのです。

雲心は工夫をこらして全く新しい生け方を考案しました。水盤《すいばん》という平たい器を使って西洋の草花を盛るように低く生け、面の広がりを強調する「盛花《もりばな》」という生け方です。花を固定するのに、針の山のような「剣山《けんざん》」を使いました。

1897年、大阪美術倶楽部《くらぶ》で「盛花三十瓶」を披露します。やがて池坊から離れ、小原流を創始します。百貨店と組んで「花展」を開くなどアイデアに富んだ人物でした。

こうして華道は明治維新による衰退を克服し、発展を続けていくことになったのです。

歌舞伎①

もとは女性が主役で盛り上げていた！

家康親子もハマった出雲の阿国

ここから、歌舞伎の歴史を紹介しましょう。

現在の歌舞伎は男性だけで演じる芸能ですが、もとは女性が主役を演じていました。江戸幕府が成立した１６０３年、京都で「出雲《いずも》の阿国《おくに》」という女性が「かぶき踊り」を披露したというのが、歌舞伎に関する最初の記録です。阿国は、出雲大社（島根県）のみこを名乗っていました。

「かぶき」という語は「かぶく」という動詞に由来するといわれています。「傾《かぶ》く」とも書き、意味は「真っすぐではなく、傾いている」。つまり「正しい道に反する。ふつうでない」というニュアンスを持つ言葉なのです。

当時、派手な衣装や長い刀を身につけ、道をいばって歩き、けんかをしたり、乱暴を働いたりする男たちを「かぶき者」と呼んでいました。

阿国は男装し、かぶき者が茶屋の女性をからかい、踊るしぐさを演じて喝采をあびました。衣装は紅梅色の着物、紫色の帯、金襴《きんらん》の羽織など色鮮やかなものでした。そろばんの玉のように大きな数珠《じゅず》を首にかけ、白いサメ皮のさやに金色のつばがついた長い刀、金ぱくをはった短い刀を差していました。印籠《いんろう》という小型の入れ物や巾着、大きな金色のヒョウタンを腰にぶら下げて踊ったといいます。

かぶき踊りの評判を聞きつけ、徳川家康《とくがわいえやす》も自分が住

む伏見城《ふしみじょう》（京都府）に阿国を招いてたびたび踊らせました。家康の息子である結城秀康《ゆうきひでやす》は阿国の踊りをたいそう好み、サンゴの数珠をプレゼントしたそうです。

阿国の成功を見た者たちは、すぐにかぶき踊りをまね、小屋をつくってあちこちで女性を主役にしたかぶき踊りの興行を始めました。これを「女歌舞伎」といいます。

やがて、三味線《しゃみせん》などの音曲を取り入れた女歌舞伎が現れると阿国の人気はしだいにおとろえ、京都を出て地方へ巡業するようになったといいます。

◆

このころから歌舞伎の主役を演じる人たちが変わっていきます。女歌舞伎は社会の秩序を乱すとして、取り締まりが厳しくなっていきました。家康も隠居の地である駿河《するが》（静岡県）から歌舞伎を演じる女性を追放しています。彼女らをめぐってけんかをする男が絶えなかったからだといいます。

幕府が女歌舞伎を禁じると、続いて「若衆歌舞伎」がおこりました。若衆は変声期前の少年のことで、彼らが女性の格好をして踊りました。

しかし、幕府は「少年に女性の格好をさせ、なまめかしい演技をさせてはならぬ」と禁令を出し、1652年、完全に若衆歌舞伎を禁じました。

こうして、歌舞伎を演じるのは、成人男性だけになりました。

歌舞伎②

江戸で一番の役者登場！ 初代市川団十郎

高い契約料に反省　本場・京都へ

江戸時代の元禄期《げんろく》、歌舞伎の世界に名優が現れました。初代市川団十郎《いちかわだんじゅうろう》です。江戸の中村座という芝居小屋での初舞台は1673年9月。数え年で14歳でした。演じたのは『四天王稚立《してんのうおさなだち》』の坂田金時《さかたのきんとき》（金太郎）。紅と墨で顔を化粧し、おのを片手に舞台上でとんだり跳ねたりのアクションを見せ、観客が驚いたといいます。こうした激しい演技は、のちに荒事《あらごと》と呼ばれました。

当時の役者評判記は団十郎を「この市川と申す者は世界一の好男」とし、容姿がすばらしく、役者として出世するだろう、江戸で肩を並べる役者はいない、とほめています。

◆

しかし、数年後、団十郎に出演依頼がこなくなりました。人気にややかげりも見えましたが、最大の理由は契約料でした。団十郎は年間300両で、現在の約3千万円にあたりました。飛び抜けて高かったので、もっと安い役者と多く契約を結び、人数を増やして華やかにしたほうがよいと座元（興行主）は考えました。

団十郎自身は「これは自分の不徳が招いた事態だ」と深く反省し、神仏に次のような願文を書きました。

「私はこの苦境を脱するため、これからは三宝荒神《さんぽうこうじん》、上野両大師《うえのりょうだいし》、不動明王《ふどうみょうおう》、愛染明王《あいぜんみょうおう》など神仏への参拝や参詣を怠らず、父母存命中は酒をやめ、浮気もしません」

さらに、父母や妻子、弟子らを連れて江戸を離れ、歌舞伎の本場・京都へ向かいました。

◆

まもなく村山平右衛門《むらやまへいえもん》が座元をしている京都村山座での出演が決まりました。

顔見せ（最初の舞台あいさつ）のとき、芝居小屋は2千人の客で満員になりました。さらに数百人が小屋の外で「入場させろ」と騒ぎ、小屋の木戸を壊しました。平右衛門は驚き、団十郎のお目見えのあいさつを中止したところ、観客が騒ぎ出し、暴動が起きそうな状況になってしまったのです。困った平右衛門は、もういちど客を小屋に入れ、団十郎とともにあいさつして混乱をおさめたといいます。

この興行で団十郎は『源氏誉勢力《げんじほまれのせいりき》』の朝比奈義秀《あさひなよしひで》を演じました。つめかけた観客を舞台にまで入れたので、大立ち回りを演じる団十郎の刀が客にぶつかりそうになる場面もあったそうです。

◆

京都での滞在は半年程度でしたが、団十郎は京都で大あたりをした勢いを得て江戸に戻り、秋からの興行では大入りとなりました。

契約料も500両、700両と上がり、最終的に800両になったといわれます。これは上方《かみがた》（京都や大阪）歌舞伎のトップスター坂田藤十郎《さかたとうじゅうろう》より200両も高い金額でした。

歌舞伎③

俳人、脚本家、演出家…団十郎の才能さまざま
成田山の不動明王ヒット　屋号に

江戸で活躍していた歌舞伎俳優・初代市川団十郎《いちかわだんじゅうろう》は、京都へ行き、公演で大あたり。やがて江戸に戻って、ますます人気を上げました。

数カ月間の京都での滞在中、団十郎は松尾芭蕉《まつおばしょう》と親交があった俳人・椎本才麿《しいのもとさいまろ》に弟子入りし、俳諧を始めました。才牛《さいぎゅう》という俳号（ペンネーム）で詠んだ句も残っています。歌舞伎役者と俳諧は意外な取り合わせにも思えますね。

◆

このころから、狂言（歌舞伎の脚本）も書くようになりました。筆名は三升屋兵庫《みますやひょうご》。次々と作品を書き上げ、自分で演じました。市川家代々の芸である18種類を選定した「歌舞伎十八番」にある「不破《ふわ》」「暫《しばらく》」「象引《ぞうひき》」「勧進帳《かんじんちょう》」なども、団十郎が書いた作品です。

◆

舞台装置にも工夫をこらしました。１７００年、江戸の森田座という芝居小屋で初披露したのが「宙乗り」という演出です。父の敵を討った曽我《そが》兄弟の弟・五郎《ごろう》を演じた団十郎が、念を込めて息を吐くと、その中から五郎の分身が姿を現し、空中で動きまわるというものです。

この分身役を演じたのは団十郎の息子で、のちに2代目団十郎となりました。

空中で舞うなど思いもよらない舞台装置を考えついた初代団十郎は、まさに偉大な演出家といえるでしょう。

市川団十郎の屋号（家につけられる代々の呼び名）は「成田屋」。成田山新勝寺《なりたさんしんしょうじ》（千葉県）からとりました。現在の新勝寺には300万人もの初詣客が集まりますが、これほど有名になったのは初代団十郎のおかげかもしれません。

この寺は平安時代からありましたが、江戸時代にはすたれていました。ところが、団十郎が「兵《つわもの》根元《こんげん》曽《そ》我《が》」という題目の3番目の幕切れに成田山の不動明王を演じたところ、空前の大ヒットとなり、観客が詰めかけ、毎日10貫文（銭貨1万枚）のお金が舞台に投げ入れられました。

団十郎はお礼のため、新勝寺にお参りして鏡や幕を奉納、多額のさい銭を寄進しました。このことから屋号が「成田屋」となり、江戸の庶民もこぞって新勝寺にお参りするようになったのです。

◆

荒々しい演技「荒事《あらごと》」を初めておこない、人気をほこった初代市川団十郎は突然、この世を去りました。元禄《げんろく》大地震で焼失した江戸の市村座が翌1704年2月に再建されました。こけら落とし（新築された劇場での初めての催し）の公演がおこなわれ、団十郎も出演します。その7日目に、団十郎は役者仲間の生島《いくしま》半六《はんろく》に殺されてしまったのです。理由にはいろいろな説がありますが、本当のところはよくわかっていません。45歳という若さでした。

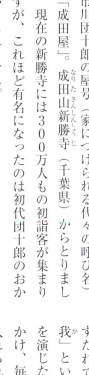

歌舞伎④

落ちぶれても気高い姿が感動呼ぶ

「和事」生み、狂言極めた藤十郎

江戸時代の元禄期《げんろくき》に歌舞伎の脚本（歌舞伎では「狂言」）で主流になったのは「ヤツシ」という話です。「やつれる」からきた言葉で、身分が高かった人が落ちぶれ、多くの苦難を経験し、最後には目的を達成してもとの身分に戻るという話です。

主人公が落ちぶれても高貴な気持ちを持ちつづけているのが特徴で、そこに江戸時代の観客は感動したといいます。

◆

「ヤツシ」を演じると右に出る者がいないといわれたのが坂田《さかた》藤十郎《とうじゅうろう》です。上方《かみがた》（京都や大阪）を中心に活躍し、江戸の市川団十郎《いちかわだんじゅうろう》と人気を二分しました。

父親は京都で座元（興行主）をしていて、1647年に生まれたと伝えられています。藤十郎は役者としてはなかなか芽が出ませんでしたが、1678年の「夕霧名残《ゆうぎりなごり》の正月」という演目で主人公の藤屋《ふじや》伊左衛《いざえ》門《もん》を演じ、スターになりました。

◆

話は、次のような内容です。

大阪の金持ちの若旦那・伊左衛門は、太夫《たゆう》（当時の歓楽街で最も地位の高い女性）の夕霧という女性に夢中になりました。彼女のいる店に足しげく通い、湯水のようにお金を使います。

怒った親に縁を切られて落ちぶれ、汚い編み笠をかぶり、安い紙製の服を着るようになりました。そんな姿でも、伊左衛門は夕霧のもとを訪れます。

夕霧はほかの客に呼ばれ、なかなか伊左衛門の席に来てくれません。ようやく来た夕霧に、伊左衛門は金持ちだったころと変わらず、彼女の態度をなじります。夕霧は深く伊左衛門を愛していることを告げて仲直りし、やがて親にも許され、ふたりは一緒になるというストーリーです。

夕霧は実在の人物でした。絶世の美女・夕霧が病死したと知り、藤十郎が狂言にしたのです。

藤十郎は色男が女性的で柔らかい身のこなしで演じる手法「和事《わごと》」を編み出しました。団十郎の荒々しい演技「荒事《あらごと》」に対する言葉です。

◆

自分で書いていたこともあり、藤十郎は狂言を重視しました。

あるとき、藤十郎の出演が少ないと不満を口にした客に対し、「ところで、狂言は面白かったでしょうか」と尋ねたそうです。客がうなずくと、藤十郎は満足そうに「それでよいのです。私の芸のよしあしは、みなさんご承知のはず。狂言さえよければ、納得してください。藤十郎を見せる芝居ではなく、狂言を見せるのが芝居なのですから」と答えたといいます。

藤十郎は芝居にも情熱を傾けました。どんな役でもすぐに演じられるように、町を歩いているときも徹底的に人々を観察しつづけたといいます。狂言作者としての才能だけでなく、役者魂も感じられますね。

歌舞伎⑤

男性演じる「女方」が女性の流行生む

あやめ大人気　いつでも心は女

歌舞伎にはさまざまな役名があります。主役のような立場の男性役を「立役《たちやく》」といい、出演者の中で最も人気のある役者がつとめるのが一般的です。立役の敵やライバルを「敵役《かたきやく》」、美少年の役を「若衆方《わかしゅがた》」、年配の男性役を「親仁方《おやじがた》」と呼びます。もちろん、女性役もいます。

◆

江戸時代初期に女歌舞伎が禁止され、女性は舞台に上がれなくなりました。そのため、その後は現在まで女性役はすべて男性が演じています。若い女性役を「女方《おんながた》（形）」、年配の女性役を「花車方《かしゃがた》（形）」と呼びます。

当時の女方は立役を引き立てるサポート役で、舞台で踊り、雰囲気を華やかにするのが主な役割でした。

１６４０年ごろ、女方の踊りの名手として有名になったのが村山左近《むらやまさこん》です。美しい絹の衣装を着て手ぬぐいをかぶり、花の枝を手にして舞い、江戸の人々から喝采をあびたそうです。

その後、中国の美女・楊貴妃《ようきひ》を演じた上村吉弥《かみむらきちや》が人気を集め、あこがれた女性たちが帯の結び方をまね、大流行しました。「吉弥結び」といいます。歌舞伎が世の中の流行を引き起こしたのですね。

◆

江戸時代の元禄期《げんろくき》に活躍した歌舞伎俳優・市川団十《いちかわだんじゅう》郎《ろう》や坂田藤十郎《さかたとうじゅうろう》は、立役を演じました。同じころに活躍し、女方でありながら主役のような存在となったの

が芳沢《よしざわ》あやめです。あやめは5歳で親と死別し、大阪の道頓堀《どうとんぼり》で育ちました。やがて若衆方として舞台に立つようになり、女方を演じたところ、美しさと演技力で人々に絶賛されました。

絶大な人気ぶりを表すエピソードがあります。上方で活躍していたあやめが1713年に初めて江戸に下り、中村座に出演することになりました。うわさを聞いた江戸っ子が、あやめの姿を一目見ようと集まり、京橋の街道筋は群衆であふれんばかりになったといいます。中村座はこのままでは大変なことになると考え、群衆が散るのを待ち、あやめに質素な木綿の服に頭巾《ずきん》をかぶって顔を隠してもらい、江戸に迎えたそうです。

◆

あやめは自分の芸に対して厳しかったそうです。「たとえ楽屋にいるときも、女方は女性の心を忘れてはいけない。食事をするときも他人に見られないように気をつけて食べるべき。楽屋で恋人役の近くで大きな口をあけてパクパクものを食べたら、きっと相手の役者は、自分のことを女性として見ることができず、芝居も盛り上がらなくなってしまうでしょう。ですから、いつでも女性として暮らさないと立派な女方にはなれないのです」と述べています。

あやめは人気役者・山下半左衛門《やましたはんざえもん》の妻の妹と結婚し、4人の息子は歌舞伎役者になりました。長男が2代目芳沢あやめを、四男が3代目芳沢あやめを継ぎました。

歌舞伎⑥

隈取りの赤は正義のヒーロー、青は悪役

化粧や服装の変化で性格も表現

歌舞伎に登場する人物を見ると、独特の化粧をしている人が多いことに気がつくはずです。顔に赤や青の筋が入っていて、異様にも思えます。このように、血管や顔の線に沿って筋や模様を描く化粧方法を「隈取《くまど》り」といいます。「筋隈《すじぐま》」「むきみ隈」「戯《ざ》れ隈《ぐま》」「一本隈」など、さまざまな隈取りがあります。

　この化粧を創始したのは初代市川団十郎《いちかわだんじゅうろう》です。坂田《さかたの》金時《きんとき》（金太郎）を演じたとき、紅や墨を使って顔に筋を描いたのが始まりとされています。

◆

　隈取りの色は、役柄や性格によって異なります。たとえば赤の筋（紅隈）は正義のヒーローで、情熱や正義、武勇、怪力などを表します。それに対し、青（藍）は冷血や邪悪などを意味し、悪役や敵役を表しています。茶色は「化生《けしょう》」と呼ばれる鬼や妖怪、黒の隈取りは神（神霊）を表しています。

　隈取りの本数が多く面積が広いほど、パワーが強いことを表します。最初に「一本隈」で登場した正義の味方が、激怒したあとで本数、面積ともに増えた「筋隈」に変わるなど、同じ人物で変化することもあります。

◆

　顔の色でも役柄がわかります。肌色の人物は誠実、まじめで常識的な人物。白塗りは二枚目の役ですが、「色悪《いろあく》」といい、色気があって残忍な悪党も白塗りです。

ところで、そんな顔などに塗るおしろいが原因で病気になった役者がいます。1887年4月、天覧歌舞伎（天皇の前で演じる歌舞伎）が催されたとき、源《みなもとの》義経《よしつね》を演じた中村福助《なかむらふくすけ》は足の震えが止まらず、途中で退場しました。緊張していたわけではありません。鉛中毒だったのです。

当時のおしろいには鉛がふくまれていました。子どものときからおしろいを塗って舞台に上がっていた福助は、長い間に吸ったりなめたりした鉛が体内にたまったのでしょう。

健康被害がはっきりしたこともあり、1930年代には鉛の入ったおしろいの販売が禁止されました。

◆

服装で役柄がわかる場合もあります。代表的なのはお姫様役。銀の花ぐしを挿し、房つきの扇を手に持ち、刺しゅう入りの赤い振り袖を着ています。この服装で歌舞伎に登場したら、それはお姫様です。

服の変化で感情を表すのも歌舞伎の特徴です。着ていた打ち掛けを脱いで悲しみを色の変化で表したり、片肌を脱いで傷を負ったことを表したりします。

本心や本性を急に現すときは、一瞬で別の服になります。しつけ糸を抜くと衣装の上半身が垂れ下がり、別の衣装が現れるしかけで、「ぶっ返り」といいます。

このように、化粧や服装には歌舞伎独特の意味があり、観客はそれを理解したうえで鑑賞しています。

歌舞伎⑦

セリ使って役者も背景も動く動く

観客を喜ばせる舞台装置がいっぱい

歌舞伎にはさまざまな舞台装置があります。

歌舞伎を演じる場所は最初、河原などの野外や能舞台だったようですが、やがて専門の芝居小屋になりました。小屋とはいっても、大きな劇場もたくさんあり、幕府の許可を得た江戸三座（中村座・市村座・森田座）はとくに立派でした。

三座の屋根の中央正面には、家紋を染めた「やぐら」が掲げられました。幕府の許可を得た印です。芝居小屋の周囲には役者の絵やちょうちんなどがずらりと並び、入り口の両側には酒だるや米俵などが積み上げられ、とても華やかでした。

◆

芝居小屋の中は、舞台の両脇から入り口方向へ1段高い座席が続いています。これを桟敷席《さじきせき》といい、ゆったりくつろげる特等席です。芝居小屋によっては桟敷席が2階建てのところもあり、お金持ちのための席でした。

一般の人々は舞台と両側の桟敷席に囲まれたところに座って観劇しました。升形《ます》（四角形）に小さく区切られているので升席《ますせき》といいます。

舞台に向かって右側が上手《かみて》、左側が下手《しもて》です。観客席の上手と下手から舞台へ続く道があり、高さは舞台と同じ。これを花道といい、江戸時代中期に定着したといいます。

現在の劇場には下手からの花道が1本しかなく、上手からの花道はありません。そのため、花道が2本必

要な演目の場合は、仮の花道をもう1本つくります。

◆

花道からは主役級の役者が格好よく登場します。花道の入り口側に垂れている揚げ幕が上がると「チャリン」という金属音がして、観客は役者が花道から出てくることが事前にわかります。

舞台のほうにある揚げ幕のことを上手揚げ幕といいます。役者が花道で立ち止まって演技をするところを「いつものところ」といいます。

演技をしている役者が煙とともに姿を消すときは、「セリ」を使います。狂言（歌舞伎の脚本）作者の並《なみ》木正三《きしょうぞう》が1753年に考案した昇降装置です。

セリは大小さまざまで、建物など大道具全体を昇降させるものを「大ゼリ」、役者を上下させる小さなものを「小ゼリ」といいます。花道にあるものは「スッポン」といいます。

狂言作者の竹田治蔵《たけだじぞう》は、セリをうまく使った「ガンドウ返し」を考案しました。舞台の風景がみるみる変わる演出で、舞台の大道具が後退するのと同じ速度で別の大道具が大セリから持ち上がり、新しい舞台の背景になるしかけです。

ほかに、舞台に大きく丸い切れ込みが入った「回り舞台」もあり、舞台下（奈落）で人が回転させます。しかけや工夫でも、人々を大いに楽しませたのですね。

歌舞伎⑧

江戸後期　七代目市川団十郎が一番人気

天保の改革で一時は江戸から追放

江戸時代後期の庶民にとって、歌舞伎は最も人気のある娯楽でした。若い娘たちは歌舞伎役者に熱を上げ、彼らが好む色の服を着たり、好きな役者の家紋が入った手ぬぐいやかんざしを持ったそうです。

とくに人気があったのは、七代目市川団十郎《いちかわだんじゅうろう》でした。代々の団十郎が演じてきた得意な演目を中心に、えりすぐった18種類の作品を「歌舞伎十八番」と名付けました。「十八番」と書いて「おはこ」と読むこともあります。市川家ではそれらの脚本（狂言）を箱に入れ、大事に保管していたからだといわれています。

◆

歌舞伎十八番のひとつ「勧進帳《かんじんちょう》」が今のようになったのは、1840年に江戸の河原崎座《かわらさきざ》で演じられてからです。兄である源頼朝《みなもとのよりとも》に追われる身となった源《みなもとの》義経《よしつね》が、弁慶《べんけい》とともに東北へ逃げる途中、加賀《かが》（石川県）安宅《あたか》の関《せき》で追っ手の富樫左衛門《とがしのさえもん》に捕まりそうになり、必死の演技で富樫を感動させ、見逃されるという内容です。

このとき弁慶役をつとめたのが7代目市川団十郎（市川海老蔵《えびぞう》）、義経役は息子の8代目市川団十郎だったので、芝居は爆発的な人気となりました。

◆

しかし翌年、歌舞伎は危機に見舞われます。老中の水野忠邦《みずのただくに》による天保《てんぽう》の改革が始まったのです。

忠邦は、世の中を引き締め直そうと倹約令を発し、ぜいたく品を禁じました。このとき寄席《よせ》（演芸場）も

統制の対象になりました。当時の寄席では落語以外に浄瑠璃《じょうるり》や講談、物まねなどさまざまな演芸がおこなわれていましたが、忠邦は学問の講義や昔話、軍書講義に限ることとし、江戸に130軒以上あった寄席を次々につぶし、15軒に減らしたのです。

歌舞伎もただではすみませんでした。忠邦は歌舞伎は風俗を乱すものと考え、一番人気の7代目市川団十郎を江戸から追放したのです。舞台で本物のかっちゅうを使ったというささいな理由でした。見せしめであったことがよくわかります。

アイドルのようにもてはやされた歌舞伎役者に関しては、「外出するときは編み笠をかぶれ」と命じ、差別することで地位をおとしめました。

天保の改革が始まったその年、江戸の中心・日本橋の堺町《さかいちょう》にあった芝居小屋の中村座が失火で全焼、近くにあった葺屋町《ふきやちょう》の市村座も焼けてしまいました。忠邦は芝居小屋の再建を許さず、そのままつぶしてしまおうと考えました。

それに反対したのが遠山金四郎《とおやまきんしろう》です。彼は江戸の町民の行政・裁判・警察を担当する「江戸町奉行《まちぶぎょう》」で、名奉行として知られた人物でした。そのため、芝居小屋は江戸の郊外・浅草で再建が許されました。

天保の改革はあまりに過激だったので反発を受け、2年で中断しました。こうして、歌舞伎は危機を脱したのです。

歌舞伎⑨

明治維新で役者の地位、一気に上昇
欧米化で舞台も演技も様変わり

歴史の大きな転換点である明治維新は、歌舞伎界にも大きな変化をもたらしました。

1872年、明治新政府は「今後、歌舞伎は身分の高い人や外国人が見るようになるから、悪をこらしめる内容を中心として、事実を演じるように」と命じました。「歌舞伎に実在の人物を登場させたり、実際の事件を取り上げげたりしてはならない」とした江戸幕府とは正反対です。

政府の高官らは歌舞伎をヨーロッパのオペラのようにしようと考え、政治家や知識人を中心に演劇改良会を設立しました。外務大臣の井上馨《いのうえかおる》は自宅に舞台をつくって天皇を招き、歌舞伎を上演させました。こうして歌舞伎役者の地位は一気に上昇しました。

ジャーナリストの福地源一郎《ふくちげんいちろう》らが計画を立て、1889年に東京・銀座に歌舞伎座が完成しました。新しくできた歌舞伎座は、舞台の基本形となりました。舞台正面の幅は江戸時代の大舞台より7メートルも大きく、一般の舞台の2倍近くあります。昔の演目をそのまま演じるのは不可能となり、大きな空間を生かした演出にする必要が出てきました。

◆

演技の改良に取り組んだのが9代目市川団十郎《いちかわだんじゅうろう》でした。登場人物を史実に近づけるために肖像画そっくりの衣装や髪形にしたり、喜怒哀楽を表現するためにおしろいを薄くしたり、化粧なしで舞台に立ったりしたのです。

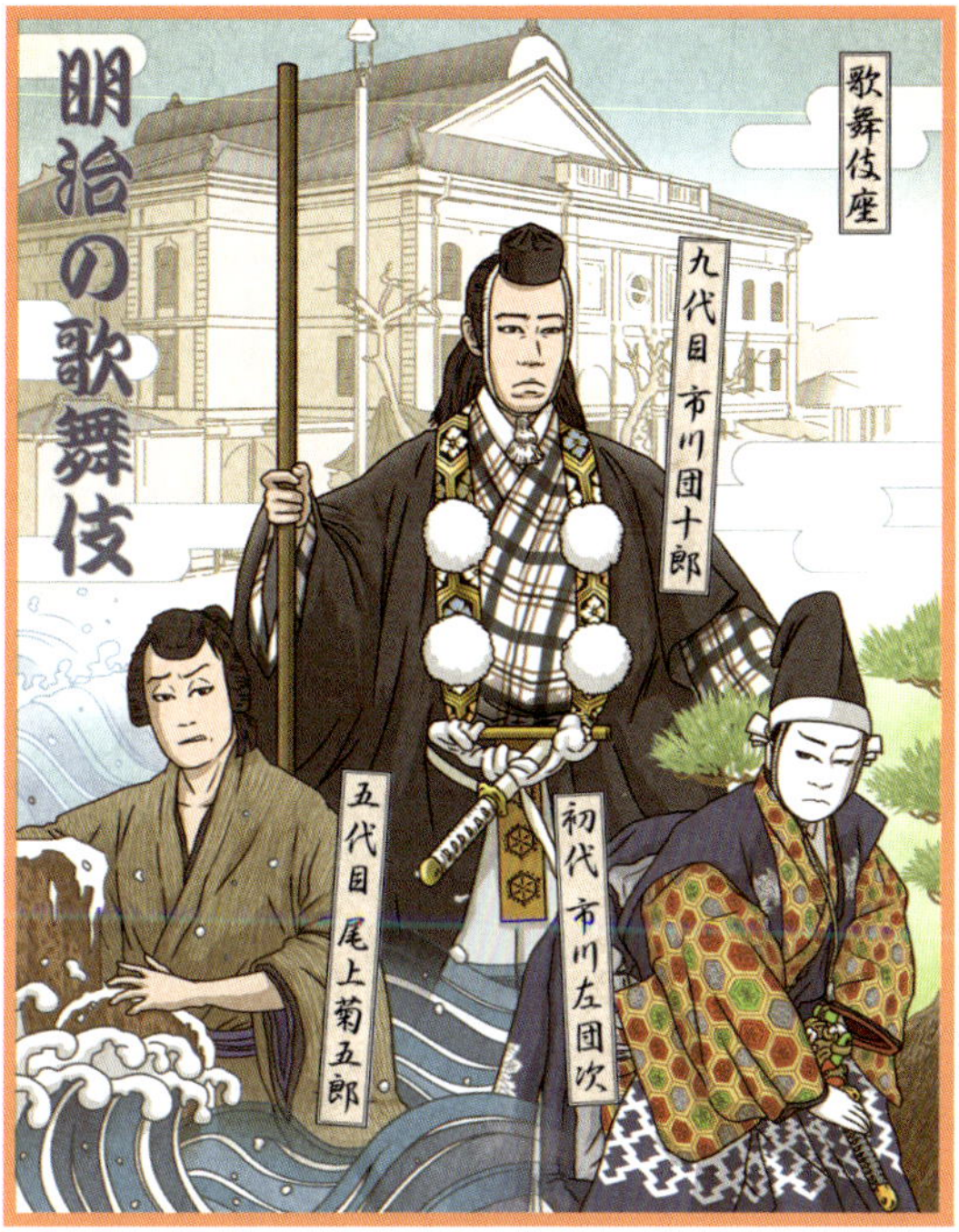

また、三味線を弾くのをやめ、「見えを切る（歌舞伎特有のポーズをする）」回数を減らすなどしました。芝居がかった言い回しも、ふつうの会話風に変えました。

しかし、こうした変化は、昔からの歌舞伎ファンには評判が悪かったようです。

やがて欧米文化一辺倒の時代が終わり、日清・日露戦争のころには伝統文化が見直されました。団十郎も昔の手法を尊重するようになり、先人の演目を十分勉強したうえで、取捨選択して演じました。

◆

9代目市川団十郎と並び、名優として明治歌舞伎の黄金期を担ったのは、初代市川左団次《さだんじ》と5代目尾上菊《おのえきく》五郎《ごろう》です。

市川左団次は、松居松葉《まついしょうよう》の新聞小説『悪源太《あくげんた》』をもとに芝居を演じました。狂言（歌舞伎の脚本）作家以外の作品を脚本としたのは、これが初めてでした。別の作品では、舞台の背景画をフランスで学んだ油絵画家・山本芳翠《やまもとほうすい》が描きました。

さらに、戦国武将の後藤又兵衛《ごとうまたべえ》を演じた作品で刀を抜く瞬間、一斉に舞台に向けてライトをあびせる演出で観客の度肝を抜きました。

このように、歌舞伎は時代の変化に応じて、外部からさまざまなものを取り入れながら、進化しつづけてきた芸能なのです。

歌舞伎の隈取りあれこれ

隈取りとは？

「隈取り」は、歌舞伎の独特な化粧法のことをいいます。正義のヒーロー、悪人、怪力の超人など、役柄によって使われる色が決まっています。たとえば、正義の味方には「赤色」が、敵役には「藍色」が使われます。隈取りのラインは、顔の血管や筋をおおげさに表現したもの。遠くから見ても顔がよくわかるように、江戸時代から、役者たちが工夫をこらしてつくりあげてきました。

むきみ隈《ぐま》

若く正義感の強い役に使われる隈取りです。代表例は、歌舞伎十八番『助六』の主人公・助六。

一本隈《ぐま》

「荒事」の役によく使われます。荒事は、超人的な力を持つ武士や鬼などによる荒々しさを誇張した演出で、江戸歌舞伎の特徴。筋隈よりやんちゃな役に使われます。

二本隈《ぐま》

むきみ隈よりも大人っぽい荒事の役に使われます。2本入っている筋が名前の由来です。

筋隈《すじぐま》

荒事の代表的な隈取りです。代表例は、歌舞伎十八番『暫』の主人公・鎌倉権五郎。

景清《かげきよ》の隈《くま》

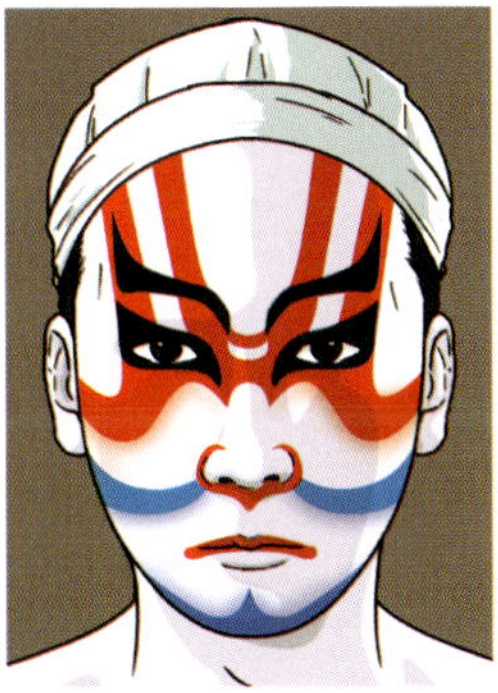

敵役ではありませんが、藍色の筋が入っています。何も食べず、ほおがこけてやせた姿を、一部藍色で表現することもあります。

時平《しへい》※の隈《くま》

冷たく気味の悪いイメージを藍色の隈で表現しています。代表例は、『菅原伝授手習鑑』の敵役・藤原時平。

※歌舞伎の役名では「しへい」とよみます。

赤《あか》っ面《つら》

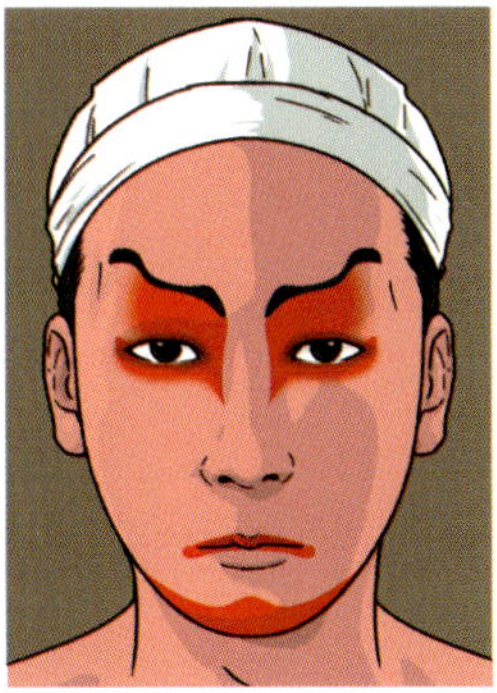

大悪人の家来や手下らの化粧は顔を赤く塗る赤っ面です。代表例は、『暫』の腹出し。単純で小憎らしいようすを表現しています。

鯰隈《なまずぐま》

由来は、ひげの部分がなまずのように見えることです。滑稽な敵役に使われる隈取りで、代表例は、『暫』の通称　鯰坊主。

猿隈《さるぐま》

猿の顔を表現する隈取りです。目のまわりを黒く縁取ることで、目を丸く見せています。歌舞伎では動物の顔も隈取りで表現します。

相撲①

起源は奈良時代の「相撲節」

頼朝や信長　武士も好んで観戦

相撲について、日本で最初の記述があるのは奈良時代に成立した『日本書紀』です。出雲《いずも》（島根県）の野《の》見宿禰《みのすくね》が乱暴者の当麻蹴速《たいまのけはや》を「捔力《すまい》」で戦って倒したという内容です。足で蹴りあって戦い、宿禰が蹴速の腰を踏みつけて命を奪ったとされ、現代とは全く異なるものでした。古墳時代の埴輪《はにわ》は、相撲で使うようなまわしをしめたり、四股《しこ》を踏むポーズをしたりしたものが出土しています。

相撲の起源は、奈良時代に始まった相撲節《せち》だと考えられています。当時、「相撲」は「すまひ《い》」と読みました。「負けまいとして争う、力を競いあう」という意味の動詞「すまふ《う》」の名詞形です。「角力」などと書くこともあります。中国語で「角」は「くらべる」という意味。「力をくらべる」ので「すもう」と読むようになったという説があります。

◆

相撲節は平安時代に年中行事として定着し、2日間にわたって開催されました。初日は天皇や皇族、貴族らが神泉苑《しんせんえん》という庭に集まり、全国から集まった相撲《すまい》人《びと》（相撲取り）らのパレードのあとで左右対抗の二十番勝負がおこなわれました。2日目は宮中の紫宸殿《ししんでん》で取組がおこなわれました。

勝敗を決める「行司」はおらず、相手を倒したほうが勝ち。完全に勝負がついたところで役人が矢を地面に突き立て、勝った相撲人が「勝ちどき」をあげ、相撲人を立ち合わせた「立合《たちあわせ》」が「立合舞《たちあいまい》」を演じまし

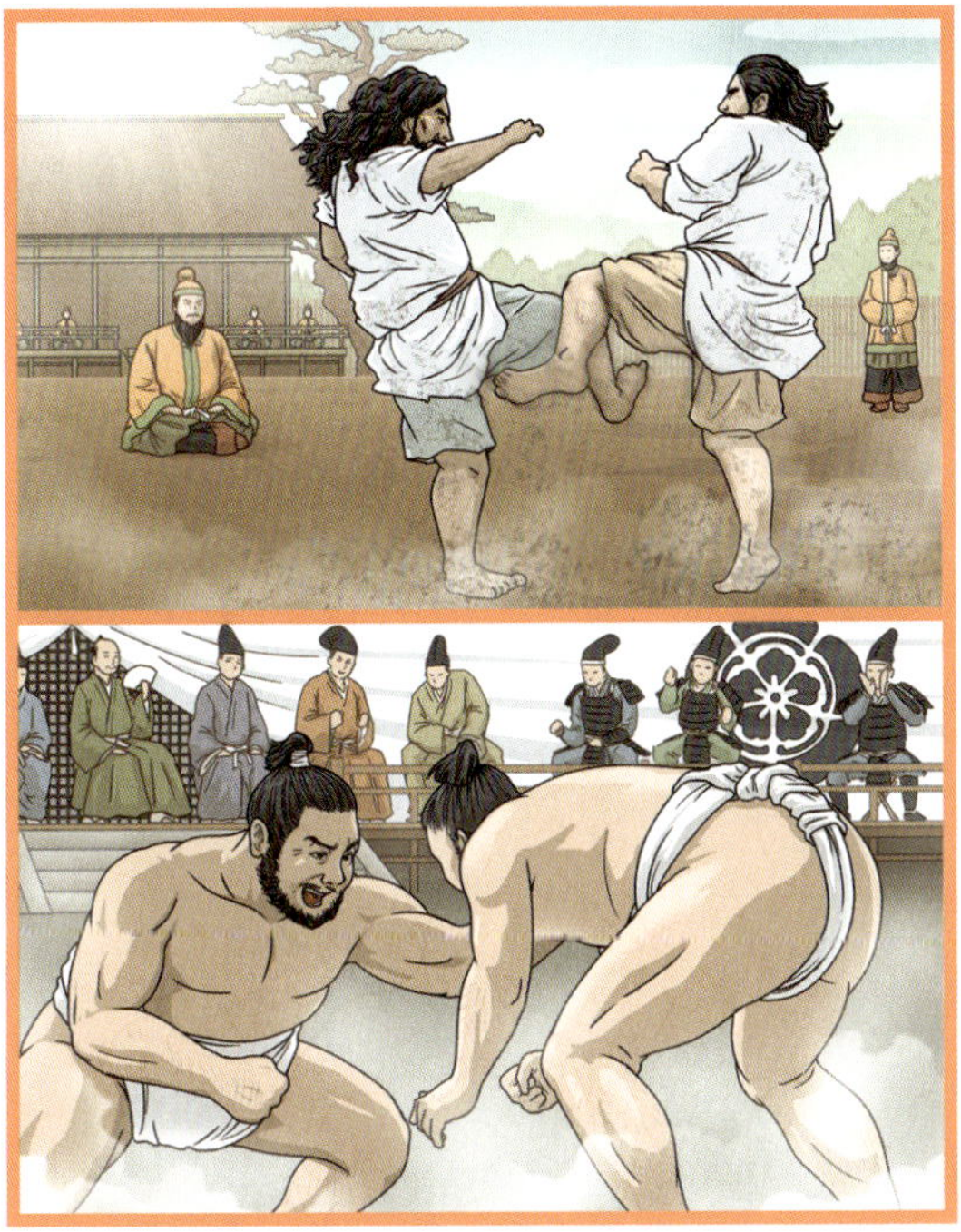

た。勝負がつかないときは天皇に最終的な判断をあおいだそうです。

相撲節は12世紀に衰退しましたが、相撲自体はその後もよく催され、寺社の祭礼で神にささげる「奉納相撲」も広まっていきました。

鎌倉時代には、京都を拠点に各地の寺社に雇われた相撲の専門集団が奉納相撲を披露したり、地方へ巡業したりしました。寺社は相撲大会で見物料を取って建物の修造費にあてたので「勧進相撲《かんじんずもう》」ともいいます。

◆

歴史上の人物も相撲見物を楽しみました。鎌倉幕府をつくった源頼朝《みなもとのよりとも》も相撲を好み、力自慢の御家人《ごけにん》や相撲人を招いて取組を観戦しました。

織田信長《おだのぶなが》について書かれた『信長公記』には、信長が大規模な相撲大会をたびたび開催したと書かれています。１５７８年2月に近江《おうみ》（滋賀県）の相撲人３００人を安土《あづち》に集め、23人を選んで戦わせ、8月にも近江と京都の相撲人１５００人を集め、朝から夕方まで相撲を取らせました。有能な相撲人には禄《ろく》（給与）を与え召し抱え、8月の相撲大会で活躍した14人には刀、衣類、禄１００石《こく》、屋敷を与えたそうです。

豊臣秀吉《とよとみひでよし》の後継者とされていた秀次《ひでつぐ》も相撲好きで、多くの相撲人を雇ったといわれます。

相撲人を抱え入れる動きは、江戸時代にますますさかんになります。

特権階級から庶民の娯楽へ

プロが勧進相撲に参加、ブームに

大名が相撲人《すまいびと》（相撲取り）を召し抱える動きは江戸時代も続きました。鳥取藩の池田《いけだ》家が相撲衆《すもうしゅう》を組織し、給料を与えたのはその一例です。

◆

相撲好きが高じた例もあります。小浜《おばま》（福井県）藩主の京極忠高《きょうごくただたか》は、妻の初姫《はつひめ》が病で亡くなる臨終の場におらず、庭で相撲を見物して楽しんでいたそうです。これを知って初姫の父・江戸幕府2代将軍の徳川秀忠《とくがわひでただ》は激怒し、初姫の葬儀を徳川家ゆかりの小石川伝通院《こいしかわでんづういん》（東京）でおこない、京極家の人々には参列を許さなかったといいます。これほど極端な人は珍しいとはいえ、相撲取りを抱え、屋敷内で取組を楽しむ大名は大勢いました。

一方、幕府は勧進相撲《かんじんずもう》や辻《つじ》相撲を禁止しました。勧進相撲は、社殿などの建築費や修理費を集めようと寺社が境内で開く相撲大会です。辻相撲は、町の辻（十字路）や広場に集まった人たちの相撲大会で、飛び入り参加が多かったそうです。勝敗をめぐってしばしばケンカが起きたので、風紀を正す意味もあり、禁止されました。江戸時代初期の相撲は、大名など特権階級を満足させるものだったといえるかもしれません。

◆

5代将軍・綱吉《つなよし》のころ（元禄《げんろく》時代）には、関西で勧進相撲が許されるようになりました。江戸でも8代将軍・吉宗《よしむね》のころ禁止が解かれ、寺社だけでなく町人の興行主が勧進相撲を開催することも認められま

した。

やがて相撲取り出身の「頭取《とうどり》（年寄《としより》）」が興行主になることが一般化し、会所《かいしょ》という相撲組織をつくって勧進相撲を運営しました。大名に抱えられていた相撲取りらも勧進相撲に参戦するようになりました。

その背景には、諸藩が財政難で苦しみ、相撲取りを解雇したり給料を減らしたりしたため、お抱え相撲取りが勧進相撲の稼ぎで生活費を補うことを認め始めたという事情がありました。

プロであるお抱え相撲取りの参入で勧進相撲のレベルは一気にアップし、人々が熱狂して相撲ブームが到来します。

お抱え相撲取りの背後には大名家がいるため、勝ち負けは大名の威信にも関わります。諸藩は稽古場をつくって相撲取りを鍛え、技術はますます上がりました。

◆

相撲では土俵があるのがふつうだと思うかもしれませんが、一定の範囲から押し出されたら負けとする考え方はあったようですが、江戸時代初期まで土俵はなかったようです。

土俵の起源は「人方屋《ひとかたや》」で、戦いの場を囲んだ観客の輪のことです。ここに押し込まれた人は負けとみなされました。土俵が成立した元禄時代ごろは、四隅の柱をひもで結んだ四角い土俵もあったそうです。時代とともにルールも変わるのですね。

大相撲の本場所は現在、初場所（1月）、春場所（3月）、夏場所（5月）、名古屋場所（7月）、秋場所（9月）、九州場所（11月）の年6回です。そのうち1月、5月、9月の3回が東京の両国国技館でおこなわれます。

江戸時代に京都、大阪、江戸の三都でおこなわれた相撲興行は年に4回。春と冬の2回が江戸、夏は京都、秋は大阪でした。江戸での相撲は浅草や深川《ふかがわ》でも開かれていましたが、やがて本所《ほんじょ》（両国）の回向院《えこういん》だけになりました。江戸城内で江戸幕府第11代将軍・徳川家斉《とくがわいえなり》が相撲を参観したことで、相撲の人気と社会的地位は大きく高まりました。

◆

相撲③

横綱は「資格」だった江戸時代

維新後の危機乗り越え人気回復

今の横綱は力士のうち最も高い地位を表しますが、江戸時代は地位ではなく、横綱を腰につけて土俵入りすることができる資格でした。1789年、大関だった谷風《たにかぜ》と小野川《おのがわ》に横綱の資格を与えたことが始まりといわれています。

横綱としては谷風が4代目、小野川が5代目とされますが、初代から3代までは伝説にすぎないという説もあります。

当時、相撲の番付（ランキング表）に横綱という地位はなく、大関が最高位でした。初めて横綱が番付にのったのは1890年、地位として認められたのは1909年のことです。番付は相撲だけにとどまらず、役者、料理、温泉などに広まり、何にでもランクをつ

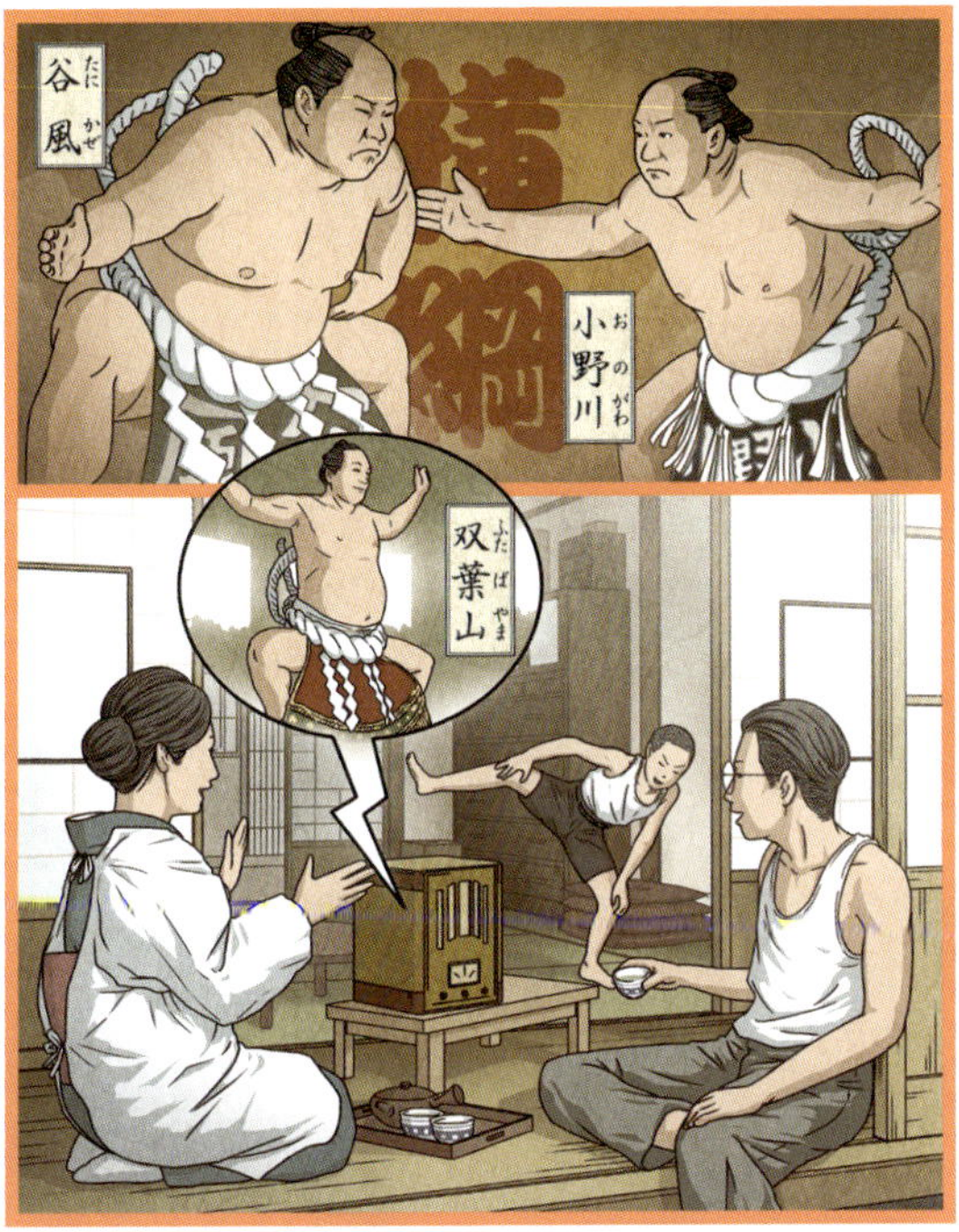

けて楽しみました。

幕末には相撲取りがアメリカにおどしをかけるのに利用されました。1854年に日米和親条約が結ばれたとき、幕府は大勢の力士に米俵を運ばせて贈りました。このとき俵をいくつも同時に運んだり、宙に投げたりするパフォーマンスを見せ、ボクシングの得意なアメリカ人との異種格闘技戦でも勝ちました。

◆

明治維新後の文明開化のとき、相撲は危機に見舞われます。廃藩置県で藩が消滅し、藩が召し抱えていた相撲取りは経済的に苦しくなりました。しかし、明治中期になって欧米化の風潮が批判され、伝統芸能が見直されて人気が回復。1909年には悪天候でも取組ができる国技館が両国につくられ、1万人以上の観客を集めました。

1925年にラジオ放送が始まって大相撲が放送されると、ファンの裾野《すその》がさらに拡大。昭和初期には軍国主義の台頭で武道を重んじる風潮が強まり、双葉山《ふたばやま》の69連勝という記録も後押ししてブームとなりました。戦後も大鵬《たいほう》、千代の富士《ちよのふじ》、若貴《わかたか》兄弟（3代目若乃花《わかのはな》と貴乃花《たかのはな》）らが人気を保ってきました。不祥事が続き、人気にかげりが出たこともありましたが、白鵬《はくほう》、日馬富士《はるまふじ》といったモンゴル出身の横綱《よこづな》の活躍《かつやく》や、イケメン力士・遠藤《えんどう》の登場などで人気は復活しつつあります。

力士の作法

「ひがーしー、○○丸ー。にーしー、○○島ー」。呼び出し※に呼び上げられた力士はさまざまな作法をおこないます。これは、相撲が神に豊作を願う神事だったことにも由来しています。一つひとつの作法には意味があります。どんな意味なのか、みてみましょう。

※ 力士の取組にあたってさまざまな仕事をする役目の人

① 四《し》股《こ》

地面にひそむ悪いものをふみつけて、封じこめる意味があります。

② 力水《ちからみず》→力紙《ちからがみ》

水で口をすすいで身を清め、口、顔、体を紙でふき清めます。

③ 清めの塩

土俵の邪気をはらってケガをしないようにと祈ります。本場所の15日間で600〜700キロ使われます。

※原則として十両以上の力士のみ

④ 塵浄《ちりちょう》水《ず》

蹲《そん》踞《きょ》 ▶ 揉《も》み手《て》 ▶ 柏《かしわ》手《で》 ▶ 両手を広げる

蹲踞は、つま先立ちでしゃがみ、両膝に手を置いて、力士どうしで見合うこと。蹲踞の姿勢をたもったまま手をすり合わせ、柏手を打って左右に両手を広げます。両手を左右に開くのは、武器をかくし持っていないことをアピールしています。

吊り屋根と土俵

⑤ 仕切り

土俵の「仕切り線」の手前にこぶしを置き、力士どうし顔を見合わせ、臨戦態勢に入ります。

▼

⑥ 立合い

立合いは、立ち上がってから取組を始める瞬間のこと。力士どうしがぶつかると、取組に入ります。相撲では、勝敗の８～９割は立合いで決まるといわれます。

▼

⑦ 取　組

取組のあと、勝った力士は手刀を切り、勝ち名乗りを受けます。

勝負が終わると、勝った力士も、負けた力士も、おたがいに感謝の礼をします。

写真はすべて日本相撲協会提供

犬①　古くから日本人の暮らしのそばに

不思議な力で主人・道長助けた？

ここから、犬を取り上げましょう。

日本で発見された最古の犬は、縄文時代のものとされています。上黒岩遺跡《かみくろいわいせき》（愛媛県）から、埋葬された約7千年前の犬の骨が見つかっています。田柄貝塚《たがらかいづか》（宮城県）でも22匹の犬が葬られていました。弥生時代の青銅器である銅鐸《どうたく》には狩りをする犬が描かれているので、ペットというより、狩猟犬として飼われていたと考えられます。

古墳時代の大和《やまと》政権は諸国に「犬養部《いぬかいべ》」を置き、犬を飼わせました。御所の門や屯倉《みやけ》（朝廷の直轄地）の番犬にしたといいます。

◆

奈良時代には、遣唐使らが大陸から犬を連れて帰国しました。チンもそのひとつと考えられています。チンは屋外でなく、座敷で育てられました。江戸時代には、チンを飼うことが爆発的なブームになりました。

◆

平安時代、清少納言《せいしょうなごん》は随筆『枕草子《まくらのそうし》』の中で「すさまじきもの（興ざめなもの）」として「昼ほゆる犬」、「にくきもの（いやなもの）」として「見知りてほゆる犬」と記しています。犬が嫌いだったようですね。

一方、摂関政治で有名な藤原道長《ふじわらのみちなが》は、白い犬をペットとしてかわいがっていました。あるとき法成寺《ほうじょうじ》（京都府）へ参拝しようと門前まで来たところ、その犬が立ちふさがり、先に進もうとする道長の着物の端をくわえ、行かせまいとしました。不思議に思った道長が

陰陽師《おんみょうじ》（呪術をする人）の安倍晴明《あべのせいめい》に原因を調べさせたところ、門前の土の中から道長を呪う土器などが出てきたのです。

神社の狛犬《こまいぬ》、犬神（犬の霊が人につく）思想、犬張り子などがあるように、犬は不思議な力を持つと考えられていました。

一方、縄文時代の貝塚から解体された犬の骨が出てくることもあります。犬を食する風習は、弥生時代に大陸から朝鮮半島をへて農耕をもたらした渡来人が伝えたらしく、日本でも江戸時代ぐらいまでは犬を食べていました。

◆

平安時代、都（平安京）の人々は道ばたなどで用を足しました。その排せつ物を犬が食べていたようです。犬には食べ残したものをよそに埋める習性があり、貴族の屋敷に死体の一部を持ちこむことがありました。これを「咋入れ《くいいれ》」といい、その貴族は30日間、けがれを落とすため屋敷にこもらなくてはなりませんでした。

人を襲ったり、田畑を荒らしたりすることもあり、朝廷の御所の中で野犬が増えると「犬狩り」をしました。御所の門を閉ざし、大内裏《だいだいり》（宮殿）の縁の下から犬を追い出し、役人が弓矢で狩るものです。矢は犬を傷つけないもので、捕まえた犬は殺さず、犬島（川の中州と考えられています）へ流しました。

犬②

鎌倉期 追われて、戦わされて大騒ぎ

愛されてはく製となる人気者

犬は鎌倉時代、武士にとって欠かせない存在になります。

当時の歴史書に、数人の騎馬武者が馬場に放たれた数十匹の犬を追いかけて射る訓練、「犬追物《いぬおうもの》」をしたという記録があります。「流鏑馬《やぶさめ》」「笠懸《かさがけ》」を合わせた「騎射三物《きしゃみつもの》」は、武芸の訓練の基本として重視されました。

犬を射るといっても、命を奪わないよう、先を丸めた木を矢とするなど配慮していました。

鎌倉幕府の執権・北条高時《ほうじょうたかとき》が熱中したのが「犬合わせ」という犬どうしを戦わせるゲームです。強い犬を全国から求めたので鎌倉は数千匹の犬であふれました。1カ月に12回も開催され、数百匹の犬が戦うので、まるで天地を揺るがすような騒がしさだったそうです。

戦国時代末期になると、南蛮貿易で大型の洋犬がもたらされ、武将が飼うようになりました。人気があったのはグレーハウンドやマスチフで、江戸時代の大名もオランダから調達しました。

◆

江戸幕府の5代将軍・徳川綱吉《とくがわつなよし》のころ、犬が手厚く保護されました。綱吉は「犬を大切にすれば後継者ができる」という占いを信じ、「生類憐《しょうるいあわれ》みの令《れい》（動物愛護令）」を出したといわれます。

動物を殺すことや犬や猫をつなぐことを禁じるもので、違反者を厳しく取り締まったため、罰を恐れてペットの犬を手放す人が増え、野犬が人をかむなど悪さをするようになりました。幕府は江戸の大久保に約8万3千平方メートル、中野に約53万平方メートルの犬屋敷をつくり、約10万匹の野犬が収容されました。維持費は江戸の人々の税金でまかないました。

◆

昭和時代の初期、主人の死を知らず、毎日渋谷駅まで主人を迎えにいく犬が話題になりました。「忠犬ハチ公」です。1934年には駅前に銅像ができました。ハチ公が世を去ったのはその翌年。青山霊園にある主人の墓の隣に碑があり、遺骸は国立科学博物館で「はく製」にされ、今も陳列されています。

ハチ公は秋田犬でした。秋田犬は1931年に在来種として天然記念物になりました。しかし、秋田犬は、実は明治時代に土佐犬や洋犬を交配した雑種だということが明らかになっています。

◆

国立科学博物館には、樺太《からふと》犬のジロも陳列されています。1958年、日本の第1次南極越冬隊はやむをえない事情で、犬ぞり用の15匹を南極に置いて帰国します。そのうちタロとジロの兄弟犬が奇跡的に生きのび、翌年に生存が確認され救出されたのです。その後、2匹は第4次南極越冬隊に参加しました。タロは北海道大学植物園内の博物館で約10年を過ごし、死後、はく製にされました。

色①

原始時代から力感じる赤が人気
「禁色」緩和、彩り楽しむ平安期

原始時代から古代にかけて、日本人は「色」に力が宿ると考えていました。とくに好んだのは赤（朱）。太陽、炎、血液……エネルギーや生命を象徴する色です。縄文時代や弥生時代の遺跡からは、朱で色づけされた土器やくし、木製品が出土しています。

邪馬台国《やまたいこく》の女王・卑弥呼《ひみこ》は魏《ぎ》（中国）の皇帝に、赤と青で染めた絳青縑《こうせいけん》という絹織物を贈りました。赤は「アカネ」という多年草の根で染めたと考えられていますが、邪馬台国があったとされる場所のひとつの纒《まき》向《むく》遺跡（奈良県）でベニバナの花粉が大量に発見されたことから、ベニバナで染めた可能性もあります。

古墳の石室にも赤を使いました。棺の周囲だけでなく部屋一面に水銀やベンガラ、ベニバナを用いた朱色の塗料が使われました。現代では赤はめでたい色で、棺おけや遺体を安置する部屋には使いませんが、当時は魔よけになり、死者を再生させる色と考えられていたようです。

◆

聖徳太子《しょうとくたいし》が制定したとされる「冠位十二階」は豪族の功績や才能に応じて与えられた位ですが、階級によって冠の色が異なりました。最高位の「大徳《だいとく》」は濃い紫色でした。

当時は階級によって身につけてはならない「禁色《きんじき》」がありました。たとえば「黄櫨染《こうろぜん》」（赤茶色）は天皇の束帯《そくたい》の袍《ほう》（正装の上着）に使い、天皇以外の人は使えませんでした。

身分が低いと使えない色が多く、庶民に許されたのは特定の黄色や黒ぐらい。朝廷の労働に駆り出されるときは「橡《つるばみ》」の服を着ました。橡はクヌギのことで、ドングリ（クヌギなどの実）を煮た汁で染めた茶色です。色が落ちにくく、地味な感じです。

庶民にもさまざまな色を身につけたいという思いは強かったらしく、結局、禁色は厳守されず、平安時代には制限が緩くなっていきました。

◆

柔らかく淡い色合いを好んだ平安貴族が取り入れたのが「かさね色目《いろめ》」や「あわせ色目」といった手法です。服の表と裏で異なる色を組み合わせるほかに、重ね着などもありました。

人気があった「桜」は表が白、裏が二藍《ふたあい》、紫など。「二藍」は藍で染めてからもういちどベニバナで染めた青っぽい紫色です。「松重《まつがさね》」も好まれました。表が青や緑、裏は紫。表と裏でさまざまな色のバリエーションを楽しみました。

平安時代の随筆『枕草子《まくらのそうし》』で、清少納言《せいしょうなごん》は「指貫《さしぬき》はむらさきの濃き、萌黄《もえぎ》、夏は二藍、いと暑きころ、夏虫の色したるも涼しげなり」と好みの色を述べています。「指貫」は袴《はかま》のことで、濃い紫色や萌黄色が好みだったようです。「萌黄」は明るい黄緑です。若者に人気がありました。「夏虫の色」は青いガの羽の色で、薄緑。涼しそうですね。

色②
武士は堅実で落ち着きある緑や青を好む
「利休」つく色、茶＝緑をブレンド

平安時代の後半、武士の力が大きくなり、武士出身の平清盛《たいらのきよもり》が朝廷の実権を握りました。やがて源頼朝《みなもとのよりとも》が平氏を倒し、京都の朝廷とは別に、関東で武士による政権・鎌倉幕府をつくりました。

武士は緑系、青系、褐色系など、堅実で落ち着きのある色を好み、世間でも流行しました。とくに好まれたのが「比金襖《ひごんあお》」や「海松《みる》」という色で、どちらも萌黄色《もえぎいろ》（黄色みのある緑色）を暗くしたような色です。「褐色《かちいろ》」は「勝ち色」につながり、縁起がよいと好まれました。今の「褐色《かっしょく》」のような黒ずんだ茶色ではありません。藍染《あいぞ》めによる濃紺でした。

◆

室町時代の東山文化のころは、「わび」「さび」といった仏教の禅宗の思想が色彩にも影響を与えました。墨の濃淡で風景などを表現した水墨画を始め、黒や灰色が流行しました。

衣服は黒や灰色を基調とし、わずかに金や朱などをアクセントカラーとして配するのが人気でした。

◆

織田信長《おだのぶなが》や豊臣秀吉《とよとみひでよし》らが活躍した安土桃山時代になると、にわかにきらびやかな色彩になっていきます。とくに金色が爆発的に流行しました。城の天守閣に金色のしゃちほこが置かれたり、内部には金ぱくをはった上に原色で鮮やかな絵を描く「障壁画」が飾られたりしました。

秀吉は、京都に聚楽第《じゅらくてい》という立派な屋敷を建てまし

たが、その瓦には金ぱくがはられていたといいます。

南蛮文化の影響も強く、ヨーロッパ人がもたらした「猩々緋《しょうじょうひ》」が大名たちに喜ばれたといいます。猩々はサルのような伝説上の動物で、真っ赤な長い毛でおおわれています。人間の顔で、言葉を理解し、酒を好むという猩々の体毛を連想させる深紅を「猩々緋」と呼びました。

もちろん、「猩々緋」の赤は、伝説の動物の血で染めたわけではありません。メキシコのサボテンに寄生している「コチニール」という虫からとった色素で染めました。秀吉らは猩々緋で染め上げた鮮やかな赤の羅紗《らしゃ》（ウール）の陣羽織《じんばおり》を好んで身につけました。

◆

この時期に「わび茶」を大成したのが千利休《せんのりきゅう》です。「利休鼠《りきゅうねず》」「利休生壁《りきゅうなまかべ》」「利休茶《りきゅうちゃ》」など、名前のついた色が数多く残っています。とくに「利休鼠」は江戸時代の人々に好まれました。

「利休」のついた色は、どれも元の色に緑を加えたものです。

たとえば「利休鼠」は鼠色《ねずみいろ》（灰色）に緑を加えたくすんだ色です。こうすることで落ち着きが出ました。利休が緑を加えるのを好んだわけではなく、利休→茶の大成者→茶は緑色というイメージに由来すると考えられています。

色3

江戸時代は地味だけど種類豊富

歌舞伎や浮世絵から流行誕生

金色などきらびやかな色彩を好んだ安土桃山時代とは打って変わり、江戸時代には茶色や鼠色《ねずみいろ》（灰色）など地味な色が流行しました。江戸幕府がぜいたくを禁じる法律をたびたび出し、人々が紅や紫など派手な衣装を着るのを禁止したからだと考えられます。地味な色を身につけるしかなかったのです。

そうした中でも人々は微妙な色相の違いをつくり、バリエーションを楽しみました。「四十八茶百鼠」といいます。48種類の茶色、１００種類の鼠色ということです。

◆

江戸時代の人々は、色に風月山水や歴史上の人物、人気のある歌舞伎役者などの名をつけました。鼠色では桜鼠、銀鼠、深川鼠《ふかがわねず》、浪花鼠《なにわねず》、黄鼠、源氏鼠、松葉鼠、鴨川《かもがわ》鼠、牡丹《ぼたん》鼠など、数えきれないほどです。

今でいうアイドルのような存在だった歌舞伎役者にちなんだ色では「団十郎茶《だんじゅうろうちゃ》」が代表的でした。市川団《いちかわだん》十郎《じゅうろう》が好んで使った赤茶色で、歌舞伎の引き幕の3色のうち1色は、今も団十郎茶です。

「路考茶《ろこうちゃ》」は緑がかった茶色。歌舞伎の女形・瀬川《せがわ》菊之丞《きくのじょう》（王子路考《おうじろこう》）が舞台で好んで使った小物の色を女性ファンがまねて流行しました。

◆

東京の新たな名所、東京スカイツリーは、夜になると2千個近い数のＬＥＤ（発光ダイオード）照明で輝きます。基本となるのは「粋《いき》」と「雅《みやび》」の2種類の色

です。

「粋」は隅田川の水色をイメージしたそうです。

「雅」は紫色で、江戸時代に流行した「江戸紫」をイメージしています。これは武蔵野《むさしの》の原野に育つ紫草の根で染め、やや青みがかった紫色です。江戸っ子だけでなく、全国で好まれたそうで、東京・神田《かんだ》などに多くの染色職人や紫草を扱う問屋が集まっていました。

江戸紫が流行するきっかけになったのが、歌舞伎で人気があった登場人物「助六《すけろく》」がしめる鉢巻きの色だったといいます。これも歌舞伎役者が流行をつくっていたのです。

◆

日本人を色にたとえると何色かという質問に、外国人の多くが「ブルー」と答えるそうです。江戸時代の浮世絵師《うきよえし》だった歌川《うたがわ》（安藤《あんどう》）広重《ひろしげ》が鮮やかな青色で錦《にしき》絵《え》を描いたことから、世界的に広まったといわれます。

広重の青は、いわゆる藍色で「ジャパンブルー」「ヒロシゲブルー」と呼ばれました。明治時代に錦絵がヨーロッパに入ると、フランスの印象派の画家やアールヌーボーの芸術家らに大きな影響を与え、それに伴い「ヒロシゲブルー」も広く知られるようになったのです。

時代によって流行があることや、日本人がさまざまな色を楽しんできたことがわかりますね。

服装①

服の始まりは身体の保護から？

日本最古の記録は『魏志《ぎし》』倭人伝《わじんでん》

ここから、日本人の服装の変化を取り上げます。

そもそも、私たちはなぜ服を身につけるのでしょうか。動物の中で自分から服を着るのは人間だけです。「裸だと恥ずかしいから」「人間には身体を飾る本能があるから」など、いくつかの説がありますが、最も有力なのは身体保護説です。寒さや乾燥から身を守るため、衣服を着用するというものです。

◆

日本人の服装についてわかっているのは、縄文時代のころからです。

縄文時代早期の遺跡から出土した編布《あんぎん》から、縄文人が布を使っていたことがわかります。材質は「アカソ」や「麻」などの草です。

また、妊娠した女性の姿をかたどった土人形「土偶《どぐう》」には、服を身につけたようなものがあります。骨でできた針が出土するので、毛皮などを縫って服をつくっていた可能性もあります。しかし、具体的にどのような服を着ていたのかはわかっていません。

◆

日本人の衣服についての最古の記録は『魏志《ぎし》』倭人《わじん》伝《でん》に記された弥生時代後期のものです。

「男子は〈中略〉木綿を以《もっ》て頭に招《か》け、其の衣は横幅、但《ただ》結束して相連《あいつら》ね、略《ほぼ》縫《ぬ》うこと無し。婦人は〈中略〉衣を作ること単被《たんぴ》の如《ごと》く、其の中央を穿《うが》ち、頭を貫《つらぬ》きて之《これ》を衣《き》る」とあります。

男女で服が異なっていたようですね。男性は横幅の

広い布を体に巻きつけていました。タイの僧侶が着る「巻衣《まきい》」のような服です。

女性は大きな布を頭からすっぽりかぶる、今のポンチョのような「貫頭衣《かんとうい》」を着ていました。

◆

服装に変化が表れるのが古墳時代です。豪族など支配階層の装いが大きく変わったことが、古墳から出土した埴輪《はにわ》像の装い「胡服《こふく》」からわかります。

男性は上に衣《きぬ》、下は袴《はかま》をはいています。衣は左右の襟《えり》を合わせてひもで結ぶ形が多く、袖は細い筒袖で、現在のシャツに似ています。

袴は、一般的な江戸時代の形を想像するのではなく、完全にズボンだと考えてください。足首部分が細いものと、上から下まで同じ太さのものがありました。膝下は、足結《あゆい》というひもで結びました。「手甲《てっこう》」という手首と手の甲をおおう布をつける習慣もありました。

女性は上に衣、下はひだのあるロングスカート「裳《も》」をはきました。

埴輪の力士像から、ふんどしがあったこともわかっています。

こうした服装は北方アジアの騎馬民族を起源とし、朝鮮半島を経由して日本に入ってきたと考えられています。

ゲルマン民族も取り入れてヨーロッパに広がり、洋服の起源になりました。

服装②

大陸の影響色濃かった古墳時代

遣唐使の停止で独自に変化

古墳時代の服装は、男性も女性も上衣は和服のように左右の襟《えり》を合わせ、ひもで結ぶ衣でした。下は男性が袴《はかま》、女性が裳《も》。袴は今のズボン、裳はスカートのような形でした。

中国に統一国家・唐が成立した7世紀、日本の大和政権はたびたび使者として遣唐使を遣わしました。遣唐使は律令や文化・思想だけでなく、唐の王朝の服装も日本にもたらし、大きな影響を与えました。

当時の唐では、貴族は衣服に襴《らん》をつけなくてはならないという命令が出ていました。上衣の裾《すそ》につける横に長い布のことで、日本の朝廷でも皇族や貴族に襴を与えたという記録が次々に出てきました。朝廷は、中国で用いられた襴を日本でも普及させようと考えたのでしょう。

701年に制定された大宝律令の衣服令には、貴族や役人が着る服装のルールが定められていました。ここでも唐の正装（礼服《らいふく》、朝服《ちょうふく》、制服《せいふく》）を取り入れています。

◆

ところが遣唐使が停止されると、奈良時代に取り入れた唐の服装を土台としたうえで、正装は日本独自のスタイルへと変化していきました。平安中期以降のことです。

男性の正装は、束帯《そくたい》や衣冠《いかん》（束帯を簡略化した服）。衣と袴に上着の袍《ほう》、冠《かんむり》や笏《しゃく》、靴などがセットになっていて、大きくゆったりした形でした。

貴族女性の正装は女房装束《にょうぼうしょうぞく》です。のちに十二単《じゅうにひとえ》と呼ばれますが、唐の正装が変化したものではありません。平安時代に女性のふだん着として定着したのが袿《うちき》です。貴族の女性は単《ひとえ》の上に色鮮やかな袿を何枚か重ね、その上に裳と唐衣《からぎぬ》をまといました。さすがに12枚も重ね着はしませんでしたが、それでも重く、暑苦しかったにちがいありません。

現在でも宮中の重要な儀式や祭礼では、この服装を継承しています。

◆

庶民や武士の男性は、水干《すいかん》や直垂《ひたたれ》を身につけるのが一般的でした。水干は丸い襟をひもで結ぶ形で、袖口《そでぐち》が広く脇があくのが特徴です。直垂は襟を引き合わせる形で、袖は細くなっています。袴は小袴《こばかま》といい、膝下くらいまでの長さでした。

庶民の女性では、筒袖の着流し姿が当時の絵に多く見られます。筒袖は洋服のように筒のような形の袖のこと。ふつうの着物にある「たもと」（袖の下の袋状に垂れ下がっている部分）がありません。着流しは、下に袴や裳をはかない着こなしです。腰布を巻いたり、袖無しを着ているものも見られます。着物はほとんどが白い無地の布でした。

◆

平安時代が終わり、鎌倉時代に入って武士の政権になると、水干や直垂が武士の正装になりました。

服装③

南蛮人の渡来で洋装の流行も

下着だった小袖が普段着に

武士が支配者として台頭してきた鎌倉時代、彼らの正装は水干《すいかん》や直垂《ひたたれ》でした。平安時代には庶民の装いだったものです。水干は丸い襟《えり》をひもで結ぶ形で、袖《そで》口《ぐち》が広く脇があいた上着です。袖は時代が下るにつれ長くなっていきました。

直垂は、襟を引き合わせる形の上着です。袖は細い形でしたが、次第に大きくなりました。直垂の袖が大きくなると、小さい袖の下着である小袖を普段着にするようになりました。水干も直垂も、下に袴《はかま》をはきました。

当時流行したのは、強装束《こわしょうぞく》という着こなしです。布地にのりをつけて張りを出したり、厚手の織物で重量感を持たせたりしました。やがて技術が発展し、ごわごわでかたい衣装になりました。その結果、ひとりで着ることができなくなり、着付けを専門におこなう衣《え》紋方《もんかた》という役職も登場しました。

◆

武家の女性たちは裾《すそ》が長く、袖口が広く垂れ下がっている大袖《おおそで》を外出用とし、下着だった小袖を普段着にするようになりました。小袖は下着というイメージが強かったので、色や柄のついた布でつくったものが出てきました。袴をはかず、小袖だけの装いをすることもありました。

日本のイメージとして広く浸透している「和服姿の女性」は、小袖だけを身につけた着流し姿のことです。農作業などをするときは小袖に袴をはく服装が動き

やすく、室町時代になると小袖は庶民の間にも広がっていきました。

武士は、室町時代ごろから屋外では胴服《どうふく》を羽織るようになりました。ほこりなどをよけるためだったようです。これがのちに羽織へと変化していきます。

公式の場では小袖の上に肩衣《かたぎぬ》を着ました。袖がない服で、織田信長《おだのぶなが》の肖像画にあるものがよく知られています。

◆

大きな変化が訪れたのが戦国時代後期です。南蛮人（ポルトガルなどのヨーロッパ人）が渡来し、西洋の装いが入ってきました。

ボタンで留める西洋の洋服を下着として身につけることが広まり、この服を表すポルトガル語が、和装用の下着「じゅばん」の語源ともいわれています。ひだのついた襟を和服の首回りにつけたり、マントを羽織ったりする装いも流行しました。

ラシャ（厚手の毛織物）や、ビロード（なめらかなパイル生地）もヨーロッパや中国から続々と輸入されました。豊臣秀吉《とよとみひでよし》らは、かっちゅうの上に身につける陣羽織《じんばおり》にペルシャじゅうたんの生地を使いました。

こういった南蛮趣味は庶民の間にも広がりました。洋服を身につけた女性もいたかもしれませんが、残念ながら、そうした記録や肖像画は残っていないのです。

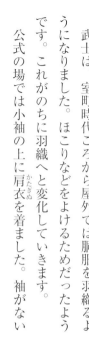

服装④

武士の正装は裃、町人は紋付の羽織

友禅や浴衣　衣服の種類豊かに

続いて、江戸時代の服装を見ていきましょう。室町時代以降、主に武家の女性の普段着は、袴《はかま》をはかず小《こ》袖《そで》だけを着る「着流し」でした。江戸時代には男性もふだんは袴をはかず、小袖に帯をしめた着流し姿が多くなります。長くて太い袴は動きにくかったからかもしれません。

外出するときは上に羽織《はおり》を着るのが一般的でした。江戸時代中期の享保《きょうほう》のころから背中、両胸、両袖の5か所に家紋をつけた黒の定紋付《じょうもんつき》の羽織が町人男性の正装となりました。

◆

武士の正装は裃《かみしも》です。小袖の上に肩衣《かたぎぬ》を着て、引きずるほど長い袴をはく長裃《ながかみしも》と、足首ぐらいまでの長さの切袴《きりばかま》をはく半裃《はんかみしも》がありました。

テレビなどで有名な忠臣蔵《ちゅうしんぐら》で、敵役の吉良上野介《きらこうずけのすけ》が赤穂《あこう》（兵庫県）藩主・浅野内匠頭《あさのたくみのかみ》に江戸城の松の廊下で切りつけられるシーンで、彼らが引きずるようにはいているのが長袴です。

武士が好んで着た羽織に打裂羽織《ぶっさきばおり》があります。背中の縫い目の下半分があいていて、刀を差したり、馬に乗ったりするときに裾《すそ》がじゃまにならないつくりです。本来、羽織は男性用でしたが、１７４８年に「女性は羽織を身につけてはならない」という禁止令が江戸の町に出ていることから、女性も羽織を着ていたことがわかります。

◆

小袖の色や柄には流行がありました。男性に最も人気があったのは無地の黒。ほかに茶色、とび色、ねずみ色なども好まれ、しま模様も流行しました。

女性の小袖は細身になり、地面につきそうな長さのものを、外出時は裾を引き上げて帯でしめました。色や柄は非常に豊富で、中期には友禅染《ゆうぜんぞめ》が流行しました。

扇絵を描いていた宮崎友禅《みやざきゆうぜん》が始めたとされ、着物に絵画のような模様を染める手法です。絵柄はだんだんと小さくなっていって、腰から上と下で色や絵柄を変える上下二段文様なども登場してきました。

現在も夏の祭りや花火大会などで着る浴衣《ゆかた》は、江戸時代に夏の普段着として広まりました。木綿でできたひとえの着物です。

◆

男女の区別がなかった帯も、江戸時代に入って変化します。女性の帯は幅広く、長くなっていきました。柄も色もさまざまで美しいものになり、生地に金襴《きんらん》や緞子《どんす》という最高級品を使う上流階級の女性も現れました。歌舞伎の女形・上村吉弥《かみむらきちや》が幅約20センチ、長さ約4・5メートルの帯をうしろで結び、その帯の先を犬の耳のようにたらした結び方は「吉弥結び」として多くの若い女性がまねました。

男性の帯は時代とともに幅は変わりましたが、色は黒や茶、紺などで無地やしま模様が多く、女性のように華やかではありませんでした。

服装⑤

明治政府が洋服を義務づけ

洋装化で文明国をアピール

洋服を着る文化が日本に浸透し始めたのは、明治時代です。しかし、国民が自発的に取り入れたわけではありません。イギリスやロシアなど列強諸国の植民地にされないよう、明治政府は短期間での近代化をめざし、西洋の技術や制度、思想などをどんどん取り入れました。洋装もその一環として導入されました。

◆

チョンマゲ頭や刀を差した姿で歩くのは文明国にふさわしくないとして、政府は散髪令や廃刀令を出して禁止します。一方、軍人や警察官、政府の役人らには洋服の着用を義務づけ、郵便集配員や鉄道員にも洋装をさせました。しかし、そうした人々も、仕事以外のときは和服で過ごしていたといいます。

こうした政策の結果、一般の富裕層にも洋装が広まり始め、東京の銀座などには背広姿で靴をはき、シルクハットをかぶったり、こうもり傘をさしたりする紳士も登場しました。矢絣《やがすり》に切袴《きりばかま》でリボンと傘が洋装という女学生姿も見られるようになりました。

代表的な人物が山本八重《やまもとやえ》です。テレビドラマ「八重の桜」の主人公として知っている人もいるかもしれません。会津《あいづ》藩（福島県）の鉄砲師範の家に生まれ、会津戦争のときは城にこもって戦いました。のちに京都で同志社を創設した新島襄《にいじまじょう》の妻となり、学校の発展に尽くしました。

しかし、同志社の学生らは陰で八重のことを「ヌエ」と呼んでいました。頭部がサル、胴体がタヌキで

トラの手足を持ち、しっぽはヘビという伝説上の化け物です。当時の八重の写真を見ると、和服にハイヒール、西洋の帽子をかぶっています。まだ珍しかった自転車にまたがり、さっそうと京都の町を走り抜けたこともあったそうです。伝統的な都市の京都でそのような姿が「妖怪」のように思えたのかもしれませんね。

◆

都市部以外では明治初期もチョンマゲで和服姿の男性が当たり前でしたが、明治10年代半ばには上流階級の女性たちが洋服を着るようになりました。

きっかけは鹿鳴館外交です。東京の日比谷《ひびや》に建てられた2階建ての立派な洋館「鹿鳴館」に政府高官が毎夜のように外国人を招き、舞踏会を開きました。幕末に列強諸国と結んだ不平等条約を改正するために外国の公使や商人らと親睦を深め、日本がいかに文明国であるかをアピールしようとしたのです。

西欧の風習にならい、政府高官の妻や娘、華族の女性も舞踏会に参加しました。服はコルセットでウエストをしめ、腰のうしろを膨らませるバッスル・スタイルでした。

一般の女性にもショール（肩掛け）が防寒の装いとして定着しました。手袋やハンドバッグを使う人も増えました。明治20年代には、働く女性の洋装も広まりました。看護師の制服や小学校の教員などがその一例です。

服装⑥

いつの世も若者が流行つくる

モボ・モガ、タケノコ、ボディコンetc…

大正時代にはモダンガール（モガ）やモダンボーイ（モボ）と呼ばれる若者らが登場します。今でいう「ファッションリーダー」でしょう。比較的裕福に育ち、おしゃれにお金を使いました。

東京の銀座をブラブラ（銀ブラ）散策する「モガ」は、アメリカの映画女優クララ・ボウのファッションをまねたそうです。ハイヒールをはき、ひらひらのフレアスカートを身につけ、短い髪を頰のあたりでクルッとカールさせました。

「モボ」はアメリカの映画俳優ルドルフ・バレンチノをまねて髪の毛を真ん中で分けました。服装は裾が広がったラッパズボン。モガやモボのファッションに共感する人もいましたが、世間からは軽薄だと見られていたようです。

同じころ、夏に女性が屋内で着る「アッパッパ」も流行しました。頭からかぶる半袖ワンピースの形でした。

◆

昭和に入り、１９３７年から日中戦争が始まると戦時体制で物資が乏しくなりました。政府は軍服に似せ、ネクタイやワイシャツがいらない男性用国民服をつくり、着用を勧めました。女性用には洋服型の婦人標準服を発表しましたが、まだ和服が主流だったためあまり普及せず、動きやすい「もんぺ」が広まりました。

もんぺは洋服ではありません。江戸時代から東北地方や北陸地方などで用いられてきた野良着《のらぎ》（農作業着）です。１９４１年に太平洋戦争が始まると、女性の

多くがブラウスにもんぺというスタイルになりました。

◆

戦後、アメリカの占領下になるとアメリカ文化が流入し、洋服が浸透しました。高度成長期の1964年には銀座のみゆき通りに若者が集まり、ダンスをしたり、壁にもたれて長時間居座ったりして風紀を乱しました。

彼らは「みゆき族」と呼ばれ、ファッションは「アイビールック」を好みました。アメリカの名門8大学の学生たちの間で流行したスタイルです。男性はVANというメーカーのズボンの裾を巻き上げ、女性はショートヘアで刈り上げ、ロングスカートでした。男女とも大きなフーテンバッグ（コーヒー豆の袋）やVANの紙袋を持ち歩きました。

東京オリンピックを前に「海外から多くの客を迎えるのに、みゆき族はよくない」という声が高まり、開催の3週間前には警察が通りにいた若者200人を摘発しました。

若者はいつの時代もファッションリーダーです。最初に勇気をもって奇抜な服装を身につけ、それが社会に流行します。

1980年代前半の東京・原宿のタケノコ族、1990年代前半のバブル期のボディコンスーツ、1990年代半ばの女子高生のルーズソックスなどは典型的な例といえるでしょう。

日本刀①

原料は砂鉄、複雑な工程で美しく
時代の移ろいで反りにも変化

最近、刀剣を「イケメン」に擬人化したゲームがきっかけで日本刀がブームになっています。

日本刀は名前からわかるように日本独自の製法でつくられた武器です。切れ味の鋭さ、姿や刃文《はもん》の美しさから美術品としても珍重され、海外にも多く輸出されてきました。ただ、鉄製なので手入れを怠るとさびて朽ちてしまうため、現在、明らかに日本刀と判明している最も古い刀は、古墳時代の終わりの作品です。

◆

日本刀はどのようにしてつくるのでしょうか。

その原料は砂鉄です。炉の中に砂鉄と木炭を交互に加えながら風を送り、「玉鋼《たまはがね》」という鉄の塊にします。赤くなるまで熱してから金づちのような道具で薄くのばし（水減《みずへ》し）、細かく割ります。このとき職人（刀匠）は、鉄片を炭素量が少ない「心鉄《しんがね》」と、多い「皮鉄《かわがね》」に分けます。炭素量が少ないと鉄はやわらかく、多いとかたくなります。

それぞれを別の「てこ台」に重ね、炉で1300度まで熱して塊にし、たたいていきます（鍛錬）。薄くのびた鉄の真ん中に切れ目を入れて折り返して重ね、さらにたたいてのばし……という作業を繰り返します。

次に心鉄を皮鉄で包み込むように組み合わせ、赤くなるまで熱し、たたいて刀の形にのばします（素延べ）。先端を斜めに切り落として小づちで打ち出して「切っ先」をつくり、小づち、カンナ、ヤスリなどで全体の形をととのえます（荒仕上げ）。

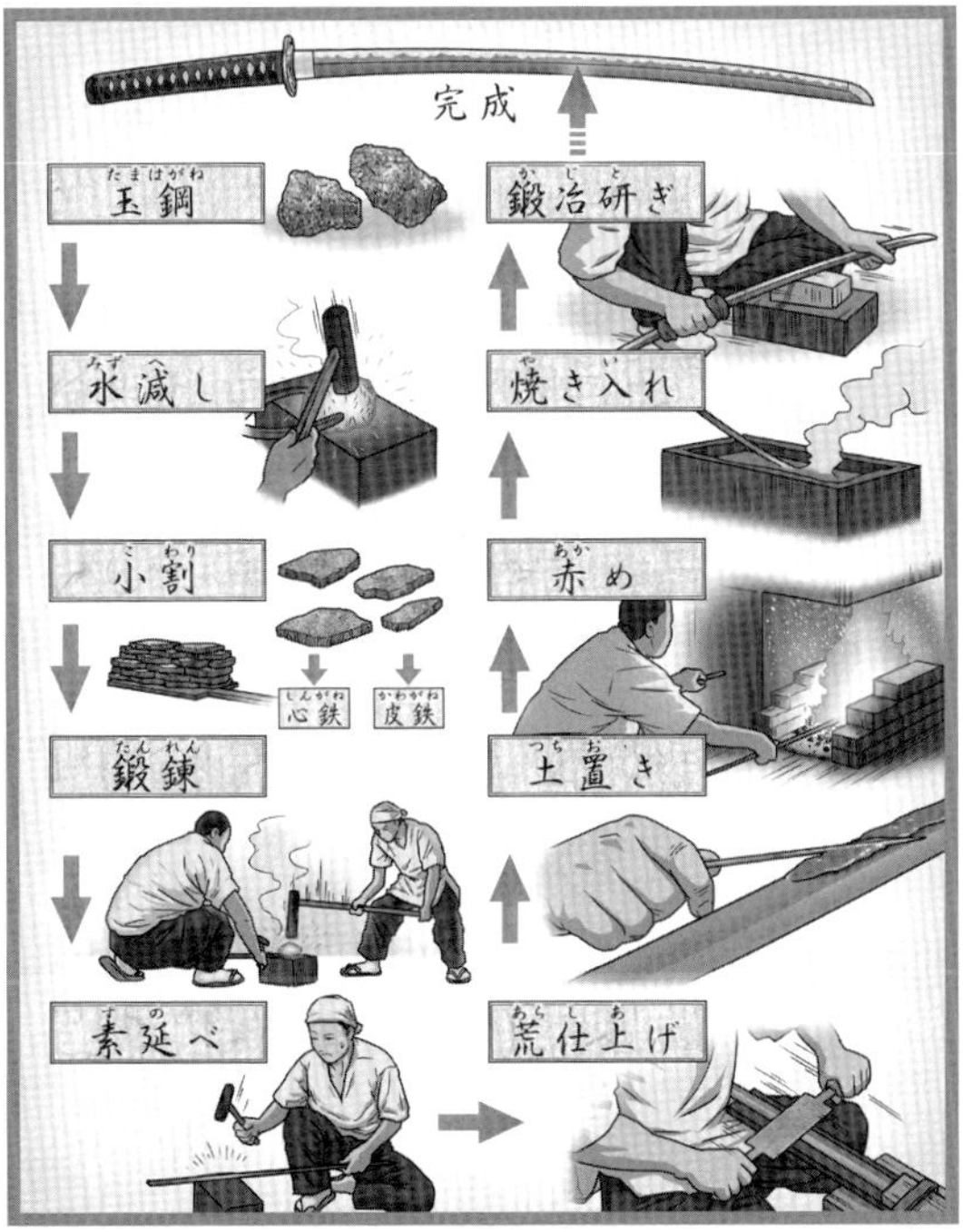

続いて「刃文」をつくります。粘土、炭、砥石《といし》の粉を混ぜた土を刃に塗り（土置き）、再び赤くなるまで熱し（赤め）、やわらかくなった刀を一気に水で冷やします（焼き入れ）。刀のよしあしはここで決まります。

その後、ゆがみや反《そ》りをたたいて調整し、砥石で刀を研ぎ（鍛冶《かじ》研ぎ）、それを刀匠が研師《とぎし》に渡し、研師が砥石で刀の切れ味と輝きを出し、刀身が完成します。

◆

日本刀の姿は時代とともに変わりました。一般的なイメージでは刀身に「反り」がありますが、平安時代になるまでほとんどありませんでした。平安時代の後期に反りが出てきたのは、武士の台頭に関係があるとされています。武士が馬に乗って相手に接近して1対1で戦うとき、馬上から刀で相手を切るために反りがあったほうが使いやすいのです。

反りの位置も時代によって流行が見られます。平安時代後期から室町時代は手元に近い部分（腰）がグッと反っていますが、戦国時代には先端部が反った刀が多くなります。増えてきた地上戦で戦いやすかったからだといわれています。

鎌倉時代になると刀づくりの「名工」が現れました。備前（岡山県）の長光《ながみつ》、京都の吉光《よしみつ》、鎌倉（神奈川県）の正宗《まさむね》などが有名です。

日本刀②

名刀にまつわる数々の伝説

鬼を切り、人心を惑わす

ここから、歴史上の人物と日本刀の関わりを紹介します。どの言い伝えにも、さまざまな説があります。

◆

名刀「童子切安綱《どうじぎりやすつな》」は、伯耆国《ほうきのくに》（鳥取県）の名工の大原安綱《おおはらやすつな》が武士の源満仲《みなもとのみつなか》の依頼でつくったと伝えられています。刀を受け継いだ長男の源頼光《みなもとのよりみつ》には次のような話があります。

平安時代に若い娘らが次々と姿を消す事件が起きました。朝廷が陰陽師《おんみょうじ》の安倍晴明《あべのせいめい》に占わせたところ、大江山（京都府）にすむ酒呑童子《しゅてんどうじ》など鬼たちの仕業とわかり、頼光を討伐に向かわせました。

一行は山で修行する「山伏《やまぶし》」に変装し、道に迷ったふりをして屋敷に入り、鬼たちに酒をふるまい泥酔させました。そして頼光が酒呑童子の首を名刀ではねたのです。以後「酒呑童子を切った大原安綱の刀」という意味で童子切安綱と呼ばれました。

刀は源氏の足利《あしかが》将軍家へ伝わり、室町幕府13代将軍・足利義輝《よしてる》から織田信長《おだのぶなが》、豊臣秀吉《とよとみひでよし》、徳川家康《とくがわいえやす》と3人の天下人が所有したといわれます。

江戸幕府2代将軍・徳川秀忠《ひでただ》から家康の孫の松平忠《まつだいらただ》直《なお》に受け継がれましたが、忠直は大阪夏の陣で真田幸《さなだゆき》村《むら》を討った活躍が評価されずに不満を募らせ、幕府に反発し、謹慎させられました。この仕打ちは酒呑童子のたたりだとささやかれたそうです。

◆

名刀「鬼丸国綱《おにまるくにつな》」は、京都の刀鍛冶《かじ》集団・粟田口《あわたぐち》派

の名工の国綱が鎌倉幕府の執権・北条氏《ほうじょう》に招かれてつくりました。初代執権・時政《ときまさ》について『太平記《たいへいき》』に次のような話があります。

時政は毎晩、寝床に小さな鬼が現れる悪夢にうなされ、体調を崩していました。ある日、夢に老人が出てきて「私は名刀国綱である。刀身のさびを取ってくれたなら、鬼を退治してやろう」といいました。時政がその通りにして枕元に刀を立てかけておいたところ、鬼が現れた瞬間に刀が倒れ、鬼の首をはねたそうです。

鬼丸国綱は北条氏を滅ぼした新田義貞《にったよしさだ》、義貞を倒した足利尊氏《たかうじ》、足利将軍家から織田信長、豊臣秀吉、徳川家康へと受け継がれました。

◆

徳川家と名刀「村正《むらまさ》」についても奇妙な話が伝わっています。徳川家では伊勢（三重県）の名工の村正がつくった刀を使いませんでした。きっかけは、家康の祖父・松平清康《きよやす》の死です。清康は若くして三河《みかわ》（愛知県）を平定し、織田信長の父・信秀《のぶひで》と敵対していました。守山城（愛知県）を攻撃したとき、清康の家来に突然切り殺されました。そのときの刀が村正のつくったものでした。

次のような話もあります。清康の跡を継いだ広忠《ひろただ》（家康の父）が、家臣の岩松八弥《いわまつはちや》に突然、脇差し（短刀）で刺されたのです。八弥は敵の刺客だったなどの説がありますが、その刀も村正によるものでした。

日本刀③

乱世後は美術品や資産扱いに

幕末に需要高まり志士らも愛用

戦乱の世が終わり武器の出番が減った江戸時代、刀剣は美術品や資産となりました。生活のために刀を売り、さやの中は偽物という武士もいたようです。

１８５３年にアメリカのペリーが浦賀《うらが》（神奈川県）に来航して幕府に開国を迫ったときは、戦争になるかもと刀剣を求める武士が増え、値段も上がったそうです。

◆

幕末の志士も刀を愛しました。土佐《とさ》（高知県）の坂《さか》本龍馬《もとりょうま》の愛刀は「陸奥守吉行《むつのかみよしゆき》」でした。刀身には「吉行」という文字が刻まれ、坂本家に家宝として伝わっていました。

京都や長崎で活動した龍馬は刀が大好きでした。兄に「家宝の吉行を譲ってください。自分が死ぬときにもこの刀がそばにあればと思うのです」と手紙に書いています。兄は願いを聞き入れ、人を介して「吉行」を龍馬に渡しました。龍馬は「吉行」を手に入れて喜び、兄に「京都の刀剣家も刀をほめてくれます」と報告しています。

しかし、１８６７年11月15日、龍馬は刺客に襲われ、命を落としました。愛刀を抜く暇もなく、攻撃をさやで受け止めたとみられ、刀身も大きく削れていたといいます。

◆

龍馬を襲ったのは当初、新撰組《しんせんぐみ》と考えられていました。近藤勇《こんどういさみ》を局長とする警察組織で、素行の悪い浪士、幕府に逆らう志士らを取り締まりました。有名なのが

1864年の池田屋事件です。京都の旅館・池田屋に集まった志士らを新撰組が襲いました。

近藤勇は、事件について知人に手紙でこう述べています。「池田屋に討ち入ったのは私をふくめ5人。沖《おき》田総司《たそうじ》らの刀は折れたり、ぼろぼろになったりしたが、私の愛刀は虎徹《こてつ》だったからか無事でした」

「虎徹」は長曽禰《ながそね》虎徹という越前《えちぜん》（福井県）の名工がつくった刀で、非常によく切れました。大変貴重で高価なものを、なぜ近藤勇が持っていたのかは謎に包まれています。大阪の豪商から贈《おく》られた、偽物だったなどの説があります。

◆

新撰組の副長・土方歳三《ひじかたとしぞう》の刀は、生家のある東京都日野《ひの》市に残る「和泉守兼定《いずみのかみかねさだ》」です。初代兼定は美濃《みの》（岐阜県）の人でしたが、室町時代末から会津《あいづ》（福島県）で刀をつくり、京都守護職になった会津藩主とともに11代目が京都に移り、藩士や新撰組の刀をつくったといいます。

近藤勇は、歳三の刀が「兼定」であることや刃渡りも記しています。土方家に伝わる刀は近藤勇の書いた内容に合わないので、歳三は「兼定」をいくつか持っていたようです。

明治時代に廃刀令が出されると、刀を差して往来を歩くことは禁じられました。その後、刀は美術品や家宝として大切にされるようになりました。

化粧①

縄文時代は、まじないの要素強く
飛鳥美人から始まる「美」の変遷

大人になるにつれて女性の多くは化粧をするようになります。最近は、化粧をする男性も少なくありません。そもそも化粧とはなんでしょう。

『顔の文化誌』（村澤博人《むらさわひろと》著、講談社学術文庫）には「なにかの目的のために、生まれつきの顔やからだの表面に顔料などを塗りつけたり、皮膚や毛髪などからだの一部を変形させたり除去したりする行為」とあります。顔にファンデーションや口紅、アイシャドーを塗るという一般的なイメージより、学問的な定義は意味が広いですね。

◆

日本人は、すでに縄文時代から化粧をしていたようです。縄文時代の遺跡から出土する土偶（土の人形）や土面（土でできた仮面）にはさまざまな文様が彫られています。文様が塗料を塗ったものか、入れ墨だったのかは、わかっていません。若さや美を求める現代とは異なり、当時の化粧はまじないの要素が強かったと考えられています。

◆

弥生時代にも顔に朱を塗ったり、入れ墨を施したりしたことが『魏志《ぎし》』倭人伝《わじんでん》の記述からわかります。古墳の周囲から頬に紅をさした人の埴輪《はにわ》が出土しています。

時代によって美人のイメージが異なることも化粧からわかります。古墳時代後期の高松塚《たかまつづか》古墳（奈良県）の壁画にある「飛鳥《あすか》美人」は、化粧がわかる最古の絵画とされています。「下ぶくれでおちょぼ口」の女性

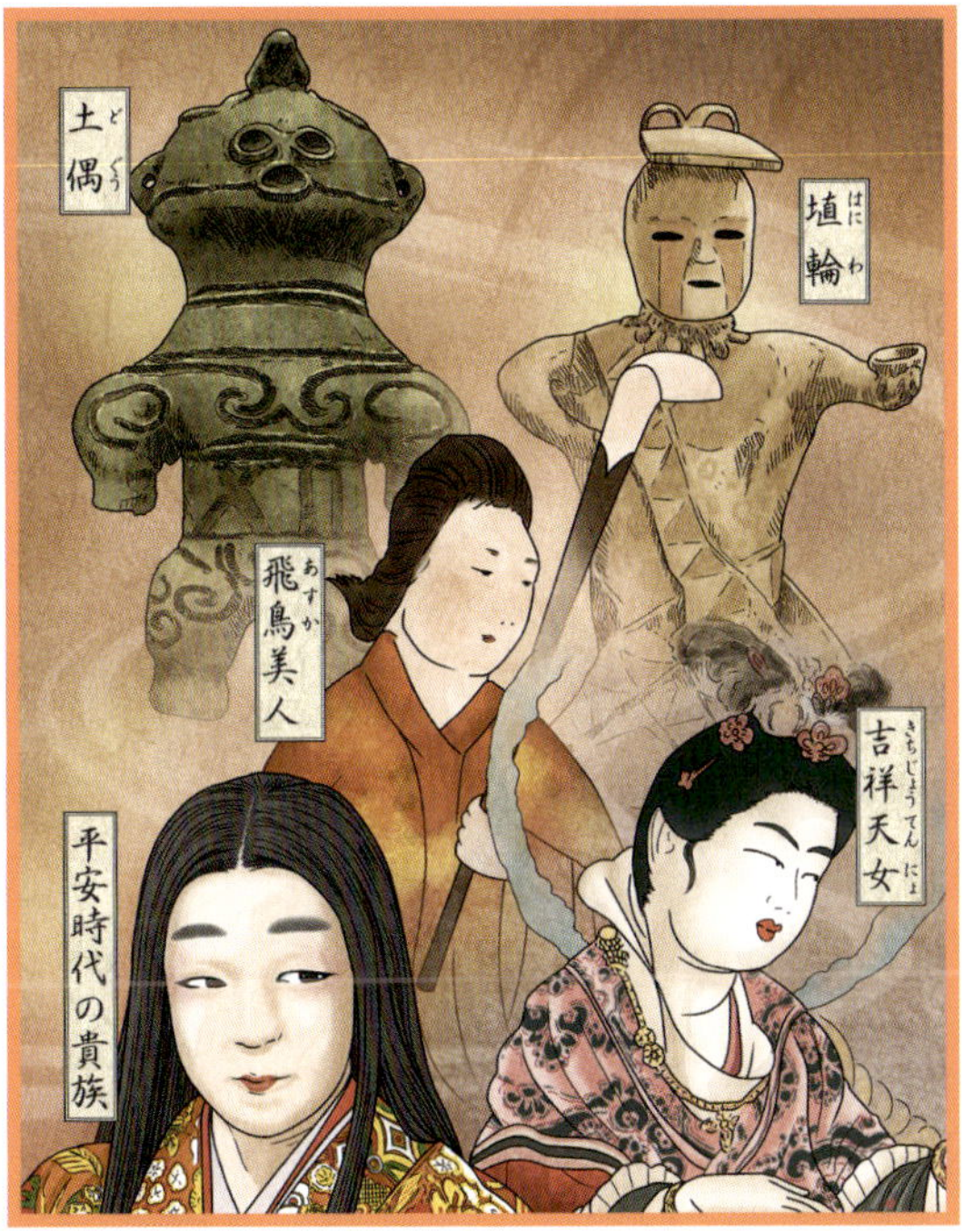

らが鮮やかな朱色の口紅をさし、眉は薄くきれいな三日月形にととのえられています。

下ぶくれでおちょぼ口の美人像は、奈良時代も続きました。薬師寺（奈良県）の吉祥天女像《きちじょうてんにょぞう》や、東大寺（奈良県）の正倉院にある鳥毛立女屏風《とりげりつじょのびょうぶ》の女性像などが代表的です。

◆

奈良時代から眉は、太く濃くなりました。これを蛾《が》眉《び》といい、蛾の触角のような形からついた名で、中国の影響と考えられています。平安時代の貴族の眉も太かったようです。

眉は、眉墨で描きました。眉毛に描き足すのではありません。眉毛はすべて抜き、生えていた場所の上に新たに描きました。このような化粧を「引き眉」といいます。時代とともにだんだん太く大きくなり、場所も上に向かって髪の生え際に近づいていきました。

引き眉に使う墨の原料は油煙、黒土、マコモという植物などでした。油煙は、あんどんの灯芯の上に紙をあてるとついてくる真っ黒な墨で、一番多く使われたそうです。

◆

古代の人々は色の白さを強調するため、おしろいを塗りました。中国から伝わり、原料は鉛や水銀、米などです。鉛のおしろいは肌につきやすく、のびやすかったため好まれました。

化粧②

江戸時代は既婚女性の象徴に

平安貴族に広まった「お歯黒」

平安時代に貴族の間で広まった化粧法があります。白い歯を黒く染める「お歯黒」です。江戸時代までふつうにおこなわれていたのに、今では姿を消しました。どのようにして歯を黒く染めたのでしょうか。

◆

歯を染める液体は、次のようにつくりました。腐った酒や食べ物でつくった酢に古い鉄くずなどを入れて酸化させます。そこに「ふし」（ヌルデという植物の葉などに虫が寄生してできるこぶ）の粉を混ぜます。完成した汁を歯に何度も塗って染めました。

時代劇や歌舞伎で目にするお歯黒の女性は、妖怪のようで気味悪くも感じます。この黒い歯に昔は美を感じたのですから、時代によって人の感性は異なるのですね。

お歯黒は中央アジアの一部に見られるものの、朝鮮半島や中国にはありません。なぜ東アジアで日本だけに歯を黒く染める風習があったのか、今後の研究に期待したいですね。

◆

古墳時代の人骨にお歯黒の跡が見られるので、当時すでにお歯黒の風習が日本にあったと考えられます。貴族の男女に広まったのは、平安時代のころでした。

平安時代末期に栄えた平氏一門は、みな薄化粧にお歯黒をしていました。1184年に一ノ谷の戦いで源義経《みなもとのよしつね》ら源氏の軍勢に敗れて逃げていた平忠度《たいらのただのり》は、源氏方の岡部六弥太《おかべろくやた》に呼び止められました。忠度は

「私はおまえの味方だ」といってごまかそうとしましたが、六弥太は「源氏にお歯黒をする武士などいない」とすぐに気づき、忠度は討たれました。まだ一般の武士にまでお歯黒が広まっていなかったことがわかります。

しかし、鎌倉時代には下級武士にも広まり、執権・北条泰時《ほうじょうやすとき》が禁じるほどでした。戦国時代には主に女性の化粧となり、男性のお歯黒は公家や大名など身分の高い者だけでした。豊臣秀吉《とよとみひでよし》の一代記『太閤記《たいこうき》』には「其日《そのひ》の出《い》で立ち、作りひげにかねくろなり（その日の格好は、作り物のひげに、お歯黒である）」と記されています。「かねくろ」は「鉄漿黒《かねぐろ》」で、お歯黒のことです。

◆

江戸時代になると、結婚した女性の化粧として定着します。黒は、ほかの色とまじわっても変わらないので「貞女二夫にまみえず（貞淑な女性は再婚して2人目の夫を持たない）」という当時の考えに合うとされました。

結婚した女性が眉毛をそる風習もありました。それまでは眉毛をそっても眉墨で描きましたが、そったまま描かなくなったのです。しかし、江戸時代の浮世絵では、人妻に眉が描いてあります。眉がないと40歳以上に見えるので、20〜30歳の結婚した女性には、眉を描くという約束事が浮世絵師にあったそうです。

化粧③

青みを出す「笹紅」が大流行

戦後西洋化し、多様化の時代に

唇に紅をさす化粧は古代からありましたが、いちど途絶え、江戸時代初期に再び現れます。口紅の原料となる紅花の生産量が増え、入手しやすくなったからのようです。

それでも高価だったので、当時は唇にうすく塗る程度でした。江戸中期の元禄《げんろく》時代以降になると口紅を重ねて塗り、青みがかって光って見える「笹紅《ささべに》」が大流行します。しかし、ぜいたくだとして、天保の改革で禁じられました。すると下唇に墨を塗り、その上に紅をさすようになりました。こうすると笹紅に見えたからです。

この化粧は、男性には評判が悪かったようです。国学者の喜多村信節《きたむらのぶよ》は著書『嬉遊笑覧《きゆうしょうらん》』で「近頃は紅を濃くして唇を青く光らせるのが流行しているが、いったい何事だ。本来の自然な色合いが失われてしまっているではないか」と嘆いています。

◆

江戸時代の化粧に「際化粧《きわげしょう》」があります。髪の生え際のむだ毛をきれいにそり、おしろいや墨を塗って額などを美しく見せることです。かみそりの登場で可能になりました。

明治時代になっても、おしろいや口紅は女性の化粧に欠かせないものでしたが、鉛を原料とする鉛おしろいが中毒を引き起こすことがわかりました。皮膚からは吸収されませんが、吸い込むことで害が出ました。当時の女性は、首や肩までおしろいを塗っていたので、それを吸い込んだ赤ちゃんが髄膜炎になったことが判明し、鉛おしろいの製造と販売は１９３０年代に禁止されました。

◆

おしろいにかわり、油性の基剤に肌色の顔料を加え、クリームや乳液状にしたファンデーションが普及したのは太平洋戦争後のことです。このとき洋服が庶民にまで普及し、それにつれて化粧も西洋化して、大きく変化しました。

50年代から70年代にかけてはベースメイクにピンク系を使う化粧が流行し、アメリカのハリウッド女優らの影響を受けました。60年代半ばには素顔に近く自然な仕上がりのナチュラルメイクが登場。80年代には個性に合う化粧法を選ぶべきだという意識が高まり、女性の化粧は多様化していきます。

◆

眉のメイクは80年代に男性的な濃くて太い眉が流行しました。90年代半ばから人工的な細い眉に変わります。髪を茶色く染めることが流行したり、美白があこがれの的になったり、流行は次々に変わりました。

戦国時代以降みられなかった男性の化粧も復活しました。若い男性の間で眉毛の手入れをし、化粧品を使う人々が増えてきました。

みなさんが成人したときは、どんな化粧が流行しているでしょう。

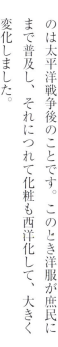

銭湯①

鉄釜で沸かす「五右衛門風呂」

江戸の銭湯　火事を避け大繁盛

日本人は、風呂好きだといわれます。いつごろから、どのような風呂に入っていたのでしょうか。入浴施設は仏教とともに日本に伝わったという説があります。大きな寺院には浴堂という施設があり、当初は身を清めるという宗教的な目的でした。鎌倉時代に一般に開放する寺が現れましたが、入浴料を取る目的があったようです。これを銭湯の始まりとする説もあります。

室町時代になると寺院以外の銭湯が登場します。風呂屋と湯屋の2種類があり、風呂屋は大釜でおこした熱い湯気を床の下から送って狭い室内を高温にする形式で、今のサウナに似ています。湯屋は、釜で沸かした熱湯を湯船に入れていました。

戦国武将の豊臣秀吉《とよとみひでよし》も風呂好きだったようです。秀吉がつくらせたという風呂の跡が、兵庫県の有馬《ありま》温泉にある極楽寺から出土しています。蒸し風呂と湯風呂があり、湯風呂は岩を伝って湯が湯だまりに流れ落ちるタイプと、竹の「とい」で導かれた湯が底から吹き出すタイプでした。

◆

宝物を盗み、釜ゆでの刑になったといわれる石川五《いしかわご》右衛門《えもん》。鉄製の釜の底に直接火をあてて沸かす「五右衛門風呂」の名前の由来とされます。しかし、この風呂は朝鮮出兵で使ったのが始まりだそうです。江戸時代には釜の上に木製の湯桶を取りつけました。底に足をつけるとやけどをするため、入浴するときは大きな板をしずめて底板にしました。

◆

銭湯は関西地方が中心でしたが、江戸（東京）では1591年に銭瓶橋《ぜにがめばし》のたもとで伊勢の与市が永楽銭1文で入浴できる蒸し風呂形式の銭湯を開業したのが最初といわれています。釜で沸かした蒸気を室内に入れ、

皮膚がやわらかくなって「あか」が浮くのを待ち、室外であかを落として水や湯で流しました。

火事が多かった江戸では、火元になるのを避けるため、裕福な商人でも屋敷に風呂をつくらず、銭湯に通いました。銭湯は、あらゆる人々が入り交じる平等な空間になりました。2階には男性用の座敷があり、囲碁や将棋、湯茶を楽しみました。

◆

湯船タイプが主流になると、木製の浴槽に入った湯であたたまり、ぬかが入った袋を使って洗い場で体を洗うようになりました。客は袋を持参し、ぬかを番台で買ったようです。番台では手ぬぐいや爪切りばさみを貸し、水虫の薬も売っていました。

湯船には石榴《ざくろ》口から入りました。蒸気や湯気を逃がさぬよう、入り口に大きな板をはりつけ、かもい板の下からかがんで入るしくみです。当時はガラス窓がなく、たがいの顔を判別できないほどの暗さでした。

江戸時代の銭湯は混浴が多く、「入り込み湯」といいました。

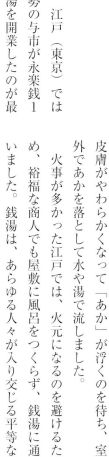

銭湯②

温泉風呂、健康ランド、スーパー銭湯…時代に合わせ趣向をこらす

江戸時代後期、江戸（東京）にあった銭湯の入浴料は大人10文《もん》、子ども6文でした。10文は現在の100～200円程度です。銭湯は600ほどあったといわれますが、町人が住む地域の人口が50万人と考えると少ないかもしれません。火事をおそれ、幕府が新規参入をあまり許さなかったことが理由のひとつです。

明治時代になると東京の銭湯は激増します。内部のつくりにも変化が出てきました。洗い場の天井が高い「改良風呂」、湯気を抜くための窓をつくった明るい浴室などです。温泉の沈殿物「湯の花」を加えた湯で「温泉風呂」とする銭湯も流行しました。

大正時代には洗い場や浴槽にタイルをはる銭湯が登場し、ランプを用いた夜間営業も始まりました。

◆

関東の銭湯の入り口部分にある屋根は、神社や城にあるような形が一般的でした。これは関東大震災後に宮大工がつくってから、東京を中心に関東各地へ広がったといわれています。

銭湯といえば壁に描かれた富士山のペンキ絵を思い浮かべる人も多いでしょう。ペンキ絵が初めて浴室に描かれたのは1912年と伝えられています。東京都千代田区にあった「キカイ湯」の店主が「子どもが喜んで銭湯に入れるように」と思い、絵描きに頼んで描かせました。

昔の銭湯は以下のようなつくりでした。銭湯の名などが書かれた「のれん」の下がる入り口から入ると、

玄関には下足係がいました。番台でお金を払い、男女それぞれの脱衣場へ向かいます。脱衣場にはうちわが置かれ、衣服を入れるかごがありました。かごは関東では丸く、関西では四角いものが多かったそうです。

◆

太平洋戦争後、高い煙突が銭湯の象徴になりました。ですから、高層ビルがなかったころは、遠くからでも一目で銭湯の存在がわかりました。

やがて、各家庭で風呂を持つようになって利用客が減り、経営難で店をたたむところが出てきました。東京の銭湯の数は1968年の2687をピークに減り続け、現在は約700で、大人の入浴料金は460円です。

◆

それにかわるようにして、入浴だけにとどまらない施設が登場しました。レストラン、宴会場、劇場、マッサージコーナー、サウナ、休憩室、ゲームコーナーなどを備えた健康ランドで、起源は千葉県にあった船橋ヘルスセンターとされています。入浴料は当時の銭湯より高かったものの、各地に広まりました。90年代からは健康ランドより設備が少なく、800円程度で入れるスーパー銭湯が人気を集めています。

時代は変わっても日本人の風呂好き、銭湯好きは変わらないようです。

トイレ①

野外やおまるで用足し
トイレの設置は鎌倉時代から

飲んだり食べたりしたものは、消化されて排せつされますね。これは自然の摂理で、汚いと考えるのは間違いです。トイレの変遷は重要な歴史です。

縄文時代の竪穴住居からトイレの跡は出てきていません。野外で排せつされたからです。『古事記』などの記述から、川に板を渡して排便したこともあったと推測されます。水洗トイレですね。古い言い方の「厠《かわや》」の語源は河屋ともいわれます。

平安時代になってもトイレは屋内や屋敷の敷地には設置されません。当時の絵巻物『餓鬼草紙《がきそうし》』には、野外でしゃがみ、用を足す庶民の姿が描かれています。服を汚さないように高げたを履いていています。排せつ後は竹や木を短冊状にした「くそべら」を使いました。紙を使うこともありましたが、高価でした。

当時の貴族は携帯トイレ、つまり「おまる」を使いました。御簾《みす》やびょうぶなどで室内を仕切り、畳をしいて樋殿《ひどの》という空間をつくり、そこにおまるを置きました。

大便用は清筥《しのはこ》、小便用は虎子《おおつぼ》といい、象牙や金銀の蒔絵《まきえ》などをほどこした豪華なつくりでした。

◆

日本でトイレが設置されるようになったのは、人の排せつ物が肥料として使われるようになった鎌倉時代以降のようです。くみ取り便所といい、板壁、板ぶき屋根の簡素なつくりで、穴の上に板を渡し、排せつ物をためる構造でした。

戦国時代には、公衆トイレがつくられるようになりました。
当時、キリスト教の宣教師ルイス・フロイスは、ヨーロッパでは人目につかないところにトイレをつくるのに、日本では家の前にあると驚いています。肥料として売買されていることも意外だったようです。

◆

織田《おだ》信長《のぶなが》がつくらせた安土城（滋賀県）。その天守閣の設計図とされる「天守指図」を見ると、1階にトイレがあったことがわかります。ユネスコの世界文化遺産の姫路城の天守閣にもあります。しかし、江戸時代の初期以降、天守からトイレは姿を消しました。住居などとしての機能がなくなり、天守が単なる飾りとなった証拠と考えられます。

武田《たけだ》信玄《しんげん》の居館である躑躅《つつじ》ケ《が》崎館《さきやかた》（山梨県）のトイレは6畳もある立派なもので、信玄はここで作戦を練ったといわれています。警備の兵が常駐し、香がたかれてよい香りが漂い、排せつ物は「とい」を伝って風呂の残り湯で流すしくみでした。

戦国時代に茶道を確立した千利休《せんのりきゅう》が発明したとされるのが砂雪隠《すなせっちん》です。砂場のようなトイレで、使用後に排せつ物を砂でおおい、砂ごと取り除きました。

茶の名人である古田織部《ふるたおりべ》の茶室に設置されたという「燕庵《えんあん》の砂雪隠」は移設され、今も京都に残っています。

トイレ②

大金や火薬も生み出す排せつ物

トイレ掃除で美人に

江戸時代のトイレは、地方によってさまざまな呼び方がありました。江戸（東京）では後架《こうか》と呼ばれ、庶民の多くが住んでいた長屋の共同便所は惣後架《そうこうか》といいました。惣後架は四方を板塀で囲み、床の中央に穴をあけ、足元に踏み板を置く簡単なつくりでした。扉は下半分だけしかなく、外からは上半身が丸見えでした。江戸の庶民は排せつのとき、他人に顔を見られても恥ずかしいと思わなかったのでしょうか。

◆

トイレにたまった大便は下肥《しもごえ》といい、よい肥料になるので、業者や農家が引き取りに来ました。長屋の下肥は年間30～40両の金額になり、大工の年収より多いとされました。すべて大家の収入になったといいます。

集めた下肥は、おけに入れて近くの川岸へ運び、船に乗せて近郊の農村へ運ばれました。この船を肥船《こえぶね》といいます。

◆

排せつ物には、肥料以外の用途もありました。火薬の原料です。１５４３年にポルトガル人が日本に鉄砲を伝えると、製法を習得した鍛冶《かじ》らによってすぐに大量生産されました。しかし、鉄砲に必要な火薬は海外から輸入していました。原料になる硝石《しょうせき》が日本では産出されなかったからです。

やがて、排せつ物から火薬をつくる製法が編み出されました。五箇山《ごかやま》（富山県）の合掌造りの民家に、その跡が残っています。

家の床下に穴を掘り、そこに人やカイコの排せつ物、麻やヨモギの葉、乾いた土などを何層も重ね、数年間放置します。その土に灰などを加えて煮て濃縮すると、火薬の原料になる硝酸カリウムを取り出すことができるのです。

トイレのまわりの土は、火薬の原料として重宝されるようになりました。

◆

2010年に「トイレの神様」という歌がヒットしました。トイレはきれいな女神がいて、毎日きれいにすると美人になるという歌詞です。

昔の人は、家の中に多くの神様が同居していると信じていました。神道では、トイレに埴山《はにやま》毘賣神《ひめのかみ》や水波《みずは》能賣神《のめのかみ》がいるとされています。仏教では、烏枢沙摩明《うすさまみょう》王《おう》がいるとされています。こうしたトイレの神様をまとめて厠神《かわやがみ》といいます。

正月にはトイレにしめ縄をはり、松飾りや供え物を欠かさない地方も少なくありませんでした。厠神はとびきりの美人だとされたため、一生懸命トイレを掃除すると御利益で美人になるといわれるようになったそうです。

地域によっては、妊婦がトイレ掃除のあとで「鼻が高くなれ」と祈ると鼻の高い子が生まれる、生まれたばかりの女の子をつれてトイレ参りをすると、きれいな娘に育つなどの言い伝えもありました。

トイレ③

欧米に比べ遅れた水洗化

文明国の体面保った公衆トイレ

明治維新からまもなく、政府は男性が屋外でする「立ち小便」を文明国として恥ずかしいこととして法律で取り締まりました。

横浜が開港したので、外国人が増えた神奈川県では、公衆トイレをたくさん設置しましたが、立派なものではありませんでした。薪《たきぎ》や炭などを商っていた浅野総《あさのそう》一郎《いちろう》は県に申請し、補助金を受けてトイレを近代的なものに改造し、排せつ物の処分も一手に請け負いました。江戸時代と同様、肥料として農家に売り、多額の利益を得たといいます。

◆

大正時代に入ると、農地の減少や化学肥料の使用、寄生虫の問題などで排せつ物を肥料として利用することは激減します。そこで、市町村は排せつ物の引き取りを有料にしました。集められた排せつ物は海に捨てられたため、汚染の原因のひとつになってしまいました。現在、排せつ物を海に捨てることは全面的に禁止されています。

◆

私たちの知っている便器は、ほとんどが陶器でできています。複雑な形の便器を比較的安くつくることができ、汚れが落ちやすく、耐久性にすぐれているからです。

陶器製の便器は、江戸時代から使われていました。長編小説『南総里見八犬伝《なんそうさとみはっけんでん》』を書いた滝沢《たきざわ》（曲亭《きょくてい》）馬《ば》琴《きん》は、自宅に陶器製の小便器を取りつけたことを日記

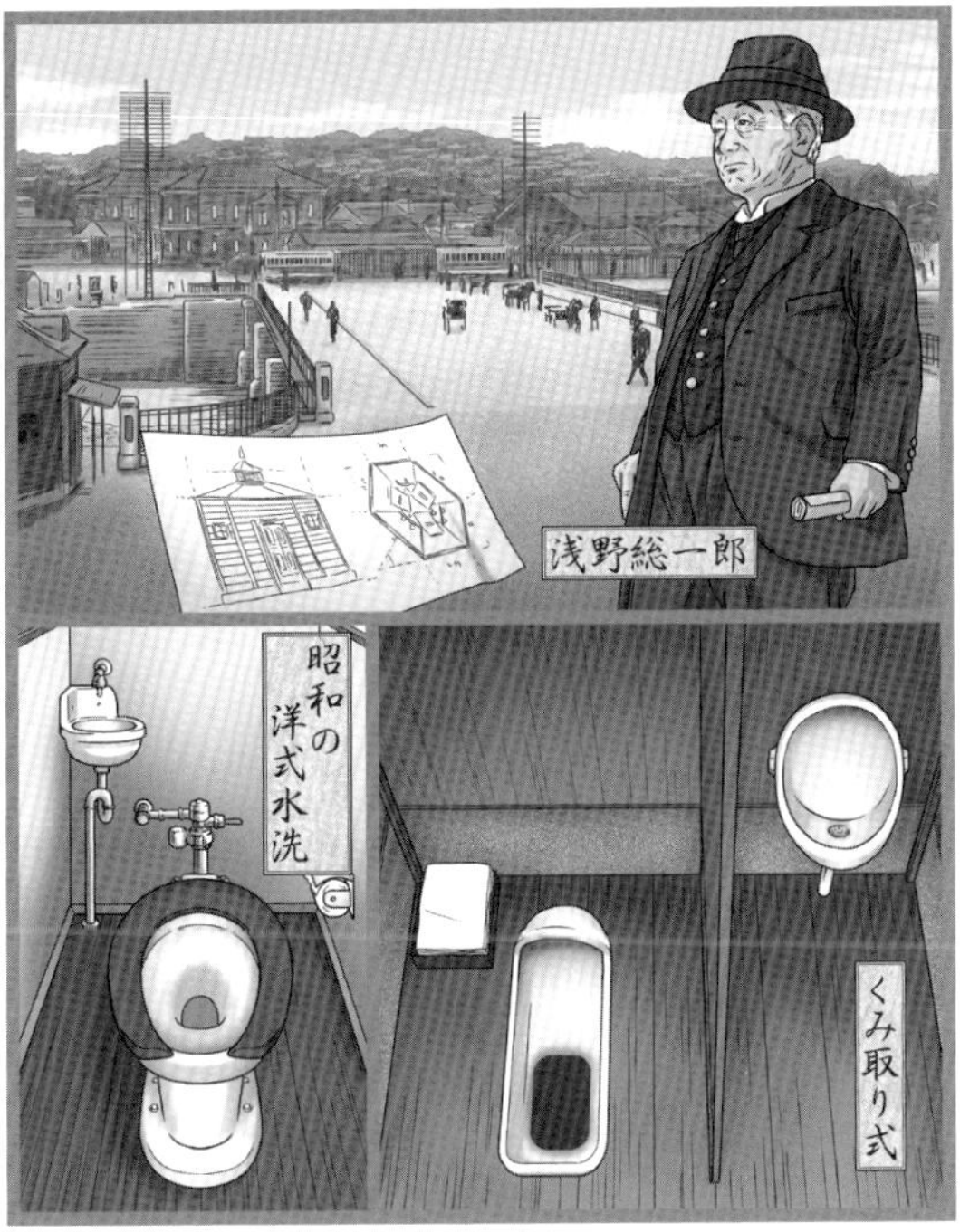

に記しています。一般に広く普及したのは、明治時代以降でした。

戦後から多くの住宅、団地をつくった日本住宅公団（今の都市再生機構＝ＵＲ）は、１９６０年代以降、腰掛け式の洋式水洗便器を導入するようになりました。便器がひとつですみ、トイレのスペースを広く取る必要がないという理由からでした。次第に、座って排便するほうが楽だという理由で洋式が増えていきました。

トイレの水洗化は、欧米にくらべて大幅に遅れました。今も、日本の下水道普及率は80％弱です。水洗トイレでは、排せつ物は下水管を通って下水処理場に運ばれ、そこで浄化されます。

◆

排せつ後に紙を使うのが広まったのは、江戸時代からです。

浅草（東京都）を中心に製造されていた浅草紙のような古紙を再生した紙を主に使うようになり、落とし紙などといいました。明治時代にはトイレットペーパーが登場しましたが、ちり紙の生産量を上回るのは70年代後半のことです。

80年代には温水でおしりを洗う「温水洗浄便座」が登場しました。ＴＯＴＯという企業が販売を始めたときの商品名ウォシュレットが有名です。

身近なトイレも、時代とともに発達してきたことがわかりますね。

昔のトイレあれこれ

私たちが毎日使うトイレ。時代の変化に合わせてさまざまに形を変えてきました。どんな形のトイレがあった？ 過去のおもなトイレをたどってみましょう。

平安時代の貴族のトイレ

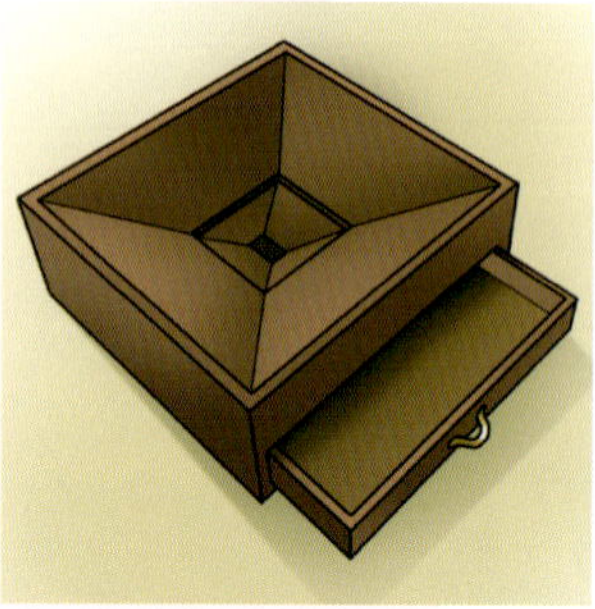

今の「おまる」のように持ち運びが可能でした。鳥居のような形のさおは、お姫様が用を足すときに着物をかけるのに使いました。用を足したあとは引き出しを取り出して排せつ物を捨てました。

室町時代のトイレ

(株)LIXIL提供

©朝日新聞社

東福寺（京都市）にある遺構で、昔は仕切りがあったといいます。排せつ物は肥料にリサイクルされました。

戦国時代後半～安土桃山時代

堺市文化財課提供

堺環濠都市遺跡の甕を使った便槽。当時堺は、貿易都市、自治都市として栄えました。

戦国時代

福井県立一乗谷朝倉氏遺跡資料館提供

一乗谷朝倉氏遺跡の石組みのトイレ跡。戦国大名・朝倉氏がつくった城下町の町屋の裏庭で見つかったもので、縦１～２メートル、横0.6～１メートル、深さ0.6～１メートルの大きさです。

江戸城の将軍様用トイレ

INAXライブミュージアム展示
(株)LIXIL提供

江戸城の本丸で将軍様が使ったトイレを再現したレプリカです。畳の間の真ん中に開けられた四角い穴に、引き出し付きのトイレを差し込んで使います。

明治時代後期のトイレ

(株)LIXIL提供

江戸時代、江戸では藍染めの着物や瀬戸物などが普及し、青と白の取り合わせが流行しました。このブームは明治時代にも続き、陶磁器製の便器にも反映されます。染付便器は一世を風靡《ふうび》し、銘が入ったブランド便器までつくられました。

目的が異なる『古事記』と『日本書紀』
国家の都合で改変される正史

過去のできごとや時代の移り変わり、国などの興亡を記録した歴史書は数多く編さんされてきました。日本に現存する最古の歴史書は、712年に成立した『古事記』です。その前には歴代天皇がなしとげたことを記した『帝紀』、古いできごとを記した『旧辞』がありましたが、今は残っていません。これらをすべて暗記した稗田阿礼の言葉を太安万侶が聞き、書いてまとめたのが『古事記』です。その編さんは天武天皇の命令で始まりました。国家によってつくられた歴史書です。

同じく日本の歴史を記した『日本書紀』は、天武天皇の命令で舎人親王らを中心に編さんされ、720年に成立しました。

2つの歴史書は目的が異なります。『古事記』は天皇が支配する正当性を国内に示すためでした。『日本書紀』は律令国家としての体裁をととのえるため、中国の正史（王朝の正しい歴史）をまねたといわれます。

◆

中国の正史は、新しい王朝が前の王朝の歴史を書くのが一般的でした。そのため、前の王朝の政治を批判的に記しています。

日本の場合、『日本書紀』以降、平安時代前期までに6つの正史がつくられましたが、朝廷によって編さんされ、国家に都合の悪いことはのせない傾向がありました。過去のできごとを取捨選択し、意図的に改変していることも判明してきました。

『古事記』『日本書紀』の編さんを命じた天武天皇は、兄の天智天皇の死後、その跡継ぎだった大友皇子の政権を倒して即位しました。大友皇子は天皇として即位していた可能性が高いのです。しかし、天武天皇が武力で位を奪った悪人では困るので、即位していなかったことにしたのではないか、という説が出ました。明治時代になって大友皇子に弘文天皇という名が贈られました。

◆

『日本書紀』では、十七条の憲法、冠位十二階の制定、遣隋使の派遣は推古天皇の摂政で皇太子だった聖徳太子の業績とされています。ところが「聖徳太子は有力な皇子だが、まだ、20代になったばかりで政治を主導したとは考えられず、摂政でも皇太子でもなかった」という説が登場しました。当時の実力者だった蘇我馬子の業績を聖徳太子に移したというのです。

『日本書紀』が完成したころの実力者は藤原不比等です。その父の中臣鎌足は645年に中大兄皇子（天智天皇）とともに蘇我蝦夷・入鹿を滅ぼして政権を奪い、政治改革を始めました。「大化の改新」です。蝦夷の父の馬子が立派な人物では困るので、操作をしたと考えられています。

鎌倉幕府の正史『吾妻鏡』や江戸幕府の『徳川実記』も改変されています。個人による歴史書も公正に記されることは少なかったようです。

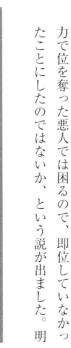

歴史の伝え方②

時代ごとに変わる「歴史の常識」

ゆがみをなくし公正に記述を

個人が書いた歴史書は、どのようなものだったのでしょうか。

平安～鎌倉時代の僧・慈円は初代とされる神武天皇のころから鎌倉時代初期までの歴史『愚管抄』を書きました。歴史には当然そうなるべき変化、つまり、「道理」があると述べ、公家の世が衰え武家が中心になるのは道理によるものだから、公家が再び政権を奪うのは道理に反すると主張しました。鎌倉幕府を打倒しようとする後鳥羽上皇をいさめるために書いたのです。

南北朝時代の公家・北畠親房が『神皇正統記』を記したのは、後醍醐天皇が樹立した南朝の正統性を主張するためです。江戸時代の学者・新井白石が書いた

『読史余論』は、平安時代から江戸時代までを記したもので、徳川家が政権を握る正当性を強調しています。

このように個人による歴史書の多くは、目的をもって記されました。

◆

国家によって、歴史のとらえ方が変わったこともあります。

明治時代後半には、教科書で歴史上の人物の描かれ方が、天皇に忠誠を尽くしたかどうかで変わりました。天皇に逆らった人物は悪く描かれ、平清盛や足利尊氏は悪人として教えられました。

軍国主義が強まった1940年代には、古代史の権威だった学者・津田左右吉が聖徳太子や神武天皇など

8代にわたる天皇の実在を疑問視したことが強く非難され、著書が発売禁止となりました。

◆

戦後、表現の自由を取り戻し、他人の人権を損なわない限り自由にものが書ける時代になりました。

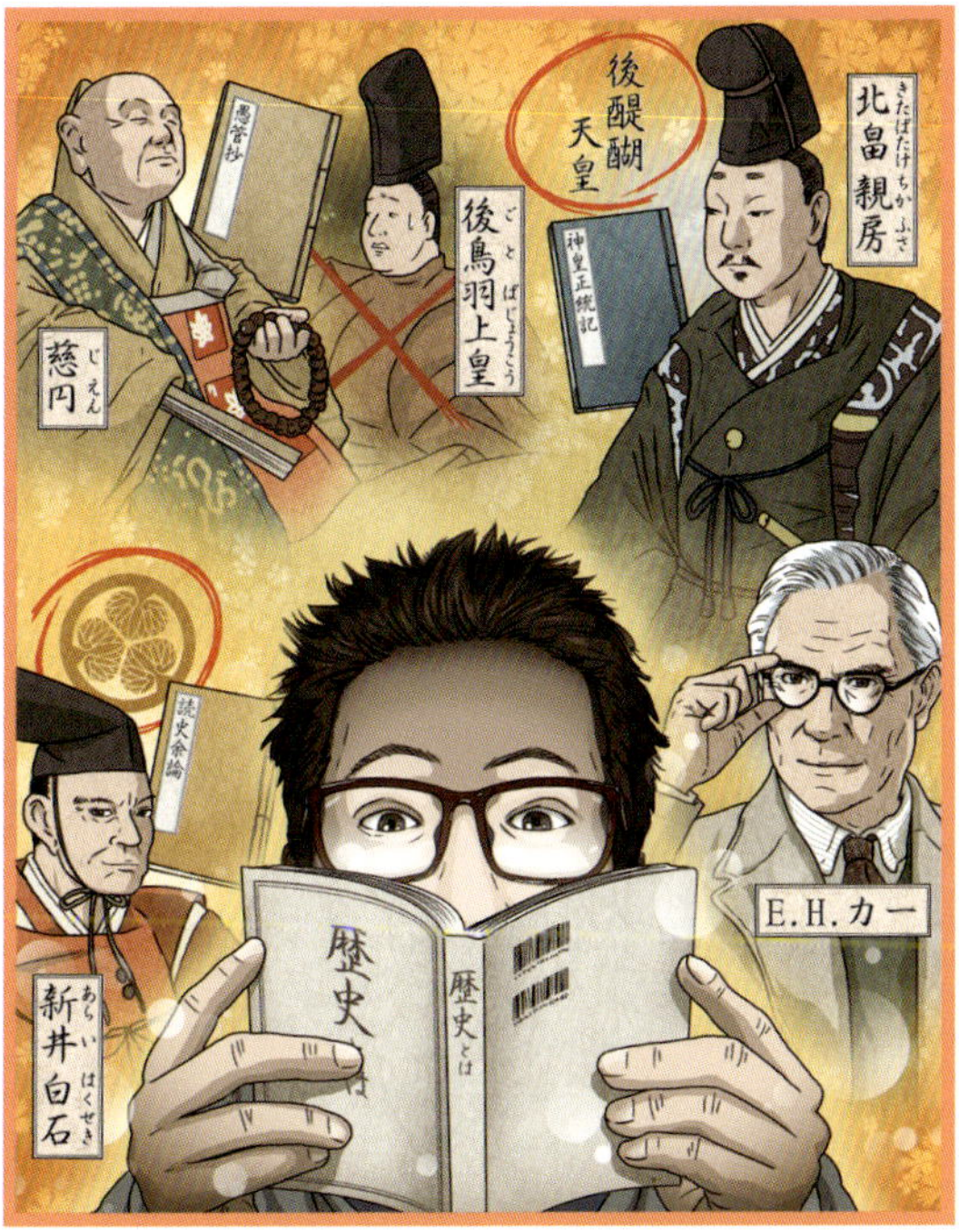

それでも、私たちは完全に正確な歴史が書けるようになったわけではありません。イギリスの学者であるE・H・カーは、著書『歴史とは何か』（岩波書店）の中で次のように述べています。

「歴史上の事実は純粋な形式で存在するものでなく、また、存在し得ないものでありますから、決して『純粋』に私たちへ現れてくるものではない」「つまり、いつも記録者の心を通して屈折してくるものだ」「現在の眼を通してでなければ、私たちは過去を眺めることもできず、過去の理解に成功することもできない」

過去の事実（歴史）を描こうとするとき、どうしても自分が生きている時代の社会を通してしかながめることができないので、その記述はゆがんだものになるということです。歴史を記述する者は、なるべくゆがみをなくすため、当時の記録を当時の社会の常識や考え方で読み解くように努力し、現代社会の思想に左右されず、公正を心がけて書く必要があるのです。

日本史年表

約1万年前	温暖化で海面が上昇し、日本列島が大陸から切り離される
約5000年前	三内丸山《さんないまるやま》遺跡《いせき》などの集落が栄える
約2500年前	九州北部で米づくりが始まる
紀元前後ごろ	倭《わ》（日本）は100あまりの国に分かれていた
57年	倭《わ》の奴国王《なこくおう》が中国（後漢《ごかん》）に使いを送り、「漢委奴国王《かんのわのなのこくおう》」と記された金印をさずかる
107年	倭国王帥升《わこくおうすいしょう》らが中国（後漢《ごかん》）に使いを送る
239年	邪馬台国《やまたいこく》の女王・卑弥呼《ひみこ》が中国（魏《ぎ》）に使者を送る
391年	倭《わ》が朝鮮半島へ兵を送り、百済《くだら》、新羅《しらぎ》をやぶる
527年	筑紫国造磐井《つくしのくにのみやつこいわい》が反乱を起こす
538年	百済《くだら》の聖明王《せいめいおう》が日本に仏教を伝える（552年という説もある）
587年	権力をめぐって、大臣《おおおみ》の蘇我馬子《そがのうまこ》が大連《おおむらじ》の物部守屋《もののべのもりや》を殺す
589年	隋《ずい》が中国を統一する

592年	蘇我馬子《そがのうまこ》が崇峻天皇《すしゅんてんのう》を暗殺。推古天皇《すいこてんのう》（最初の女性天皇）が即位する
593年	聖徳太子《しょうとくたいし》が推古天皇《すいこてんのう》の摂政《せっしょう》となる
603年	冠位《かんい》十二階《かい》を聖徳太子《しょうとくたいし》が制定
604年	十七条の憲法を聖徳太子《しょうとくたいし》が制定
607年	小野妹子《おののいもこ》を遣隋使《けんずいし》として中国（隋《ずい》）に派遣
618年	隋《ずい》が滅び、唐《とう》が建国される
630年	第1回の遣唐使《けんとうし》として犬上御田鍬《いぬがみのみたすき》を中国（唐《とう》）に派遣
643年	山背大兄王《やましろのおおえのおう》が、蘇我入鹿《そがのいるか》に攻められ斑鳩宮《いかるがのみや》で自殺
645年	中大兄皇子《なかのおおえのおうじ》と中臣鎌足《なかとみのかまたり》によって蘇我蝦夷《そがのえみし》・入鹿《いるか》父子が滅ぼされる
	これに伴う一連の政治改革が大化《たいか》の改新《かいしん》
646年	孝徳天皇《こうとくてんのう》が改新《かいしん》の詔《みことのり》を出す。公地公民《こうちこうみん》、班田収授法《はんでんしゅうじゅのほう》などの政策を示した
663年	白村江《はくそんこう》で唐《とう》・新羅連合軍《しらぎれんごうぐん》と戦い大敗する（白村江《はくそんこう》の戦《たたか》い）
667年	中大兄皇子《なかのおおえのおうじ》が都を近江大津宮《おうみおおつのみや》に移す
672年	天皇の座をめぐった争いで、大海人皇子《おおあまのおうじ》が大友皇子《おおとものおうじ》をやぶる（壬申の乱《じんしんのらん》）
	大海人皇子《おおあまのおうじ》は即位して天武天皇《てんむてんのう》となる
694年	藤原京《ふじわらきょう》に都を移す

701年　刑部親王《おさかべしんのう》や藤原不比等《ふじわらふひと》らによって大宝律令《たいほうりつりょう》が完成する

708年　和同開珎《わどうかいちん》がつくられる

710年　藤原京《ふじわらきょう》から平城京《へいじょうきょう》に都が移される

743年　墾田永年私財法《こんでんえいねんしざいほう》が定められる

752年　東大寺《とうだいじ》の大仏の開眼供養がおこなわれる

794年　桓武天皇《かんむてんのう》が都を平安京《へいあんきょう》に移す

797年　坂上田村麻呂《さかのうえのたむらまろ》が征夷大将軍《せいいたいしょうぐん》になる

802年　坂上田村麻呂《さかのうえのたむらまろ》が胆沢城《いさわじょう》を築く

804年　最澄《さいちょう》、空海《くうかい》が中国（唐《とう》）に行く

805年　最澄《さいちょう》が帰国し、天台宗《てんだいしゅう》を開く

806年　空海《くうかい》が帰国し、真言宗《しんごんしゅう》を開く

828年　空海《くうかい》が、庶民にも開かれた学校（綜芸種智院《しゅげいしゅちいん》）をつくる

857年　藤原良房《ふじわらのよしふさ》が太政大臣《だいじょうだいじん》に任命される

866年　応天門《おうてんもん》の変《へん》が起きる。藤原良房《ふじわらのよしふさ》が摂政《せっしょう》になる

884年　藤原基経《ふじわらのもとつね》が事実上の関白《かんぱく》になる

894年　菅原道真《すがわらのみちざね》の意見により遣唐使《けんとうし》を停止

８９９年	藤原時平《ふじわらのときひら》が左大臣《さだいじん》に、菅原道真《すがわらのみちざね》が右大臣《うだいじん》に任命される
９０１年	菅原道真《すがわらのみちざね》が大宰府《だざいふ》に左遷される
９０５年	紀貫之《きのつらゆき》らが編集した『古今和歌集《こきんわかしゅう》』が完成する
９３５年〜９４１年	平将門《たいらのまさかど》、藤原純友《ふじわらのすみとも》が反乱を起こす（承平《しょうへい》・天慶《てんぎょう》の乱《らん》）
９８８年	尾張国の郡司や農民が、国司《こくし》の藤原元命《ふじわらのもとなが》の法に反したおこないに対して朝廷に苦情を申し立てる
１０１７年	藤原道長《ふじわらのみちなが》が太政大臣《だいじょうだいじん》になる
１０５１年〜62年	源《みなもとの》 頼義《よりよし》が陸奥《むつ》の安倍氏《あべし》を滅ぼす（前九年《ぜんくねん》の役《えき》）
１０５２年	この年から末法《まっぽう》の世《よ》に入るといわれ、浄土教《じょうどきょう》がさかんになる
１０５３年	平等院鳳凰堂《びょうどういんほうおうどう》が完成する
１０６９年	後三条天皇《ごさんじょうてんのう》が延久《えんきゅう》の荘園整理令《しょうえんせいりれい》を出す
１０８３年〜87年	清原氏一族《きよはらしいちぞく》のもめごとに源《みなもとの》 義家《よしいえ》が割って入り、藤原清衡《ふじわらのきよひら》を助ける（後三年《ごさんねん》の役《えき》）
１０８６年	白河上皇《しらかわじょうこう》が院政《いんせい》を始める
１０９８年	源《みなもとの》 義家《よしいえ》が白河法皇《しらかわほうおう》の意向で、院の昇殿を許される
１１２４年	奥州藤原氏《おうしゅうふじわらし》が中尊寺金色堂《ちゅうそんじこんじきどう》を建てる
１１５６年	保元《ほうげん》の乱《らん》が起きる。このころ武士の進出が目立ってくる

1159年	平治《へいじ》の乱《らん》が起きる
1167年	平清盛《たいらのきよもり》が太政大臣《だいじょうだいじん》になる
1175年	法然《ほうねん》が比叡山《ひえいざん》を下り、浄土宗《じょうどしゅう》を開く
1180年	後白河法皇《ごしらかわほうおう》の皇子であった以仁王《もちひとおう》が、平氏《へいし》を討てという命令を出す
1183年	源 義仲《みなもとのよしなか》が京都に入る
1185年	壇《だん》ノ浦《うら》の戦《たたか》いで源氏《げんじ》が平氏《へいし》を滅ぼす
	源 頼朝《みなもとのよりとも》が全国に守護《しゅご》・地頭《じとう》を置き、支配を全国に及ぼす足がかりとする
1189年	源 頼朝《みなもとのよりとも》が奥州藤原氏《おうしゅうふじわらし》を滅ぼす
1190年	源 頼朝《みなもとのよりとも》が京都に入る
1192年	源 頼朝《みなもとのよりとも》が征夷大将軍《せいいたいしょうぐん》となる
1199年	源 頼朝《みなもとのよりとも》が亡くなり、源 頼家《みなもとのよりいえ》が跡を継ぐ
1202年	源 頼家《みなもとのよりいえ》が征夷大将軍《せいいたいしょうぐん》に任命され、正式に2代将軍となる
1203年	北条時政《ほうじょうときまさ》が将軍・源 頼家《みなもとのよりいえ》を伊豆・修禅寺《しゅぜんじ》に押しこめる
	北条時政《ほうじょうときまさ》は執権《しっけん》となり、源 実朝《みなもとのさねとも》を3代将軍とする
1205年	『新古今和歌集《しんこきんわかしゅう》』が完成する
	北条義時《ほうじょうよしとき》が執権《しっけん》になる

1207年　後鳥羽上皇《ごとばじょうこう》が浄土宗《じょうどしゅう》（専修念仏《せんじゅねんぶつ》）を禁じ、法然《ほうねん》が土佐《とさ》（高知県）に、親鸞《しんらん》が越後《えちご》（新潟県）に流される

1213年　北条氏《ほうじょうし》と対立した和田義盛《わだよしもり》が鎌倉《かまくら》で兵をあげるが、敗れて死ぬ

1219年　源実朝《みなもとのさねとも》が、源頼家《みなもとのよりいえ》の子の公暁《くぎょう》により、暗殺される

1221年　後鳥羽上皇《ごとばじょうこう》が北条氏《ほうじょうし》打倒の兵をあげるが、敗れて隠岐《おき》（島根県）に流される（承久《じょうきゅう》の乱《らん》）
朝廷《ちょうてい》を見張る六波羅探題《ろくはらたんだい》が京都に置かれる

1274年　元《げん》が対馬《つしま》、壱岐《いき》（長崎県）をおそい、博多湾沿岸に上陸したが、暴風雨によって損害を受け、退く（文永《ぶんえい》の役《えき》）

1281年　2度目の元《げん》の襲来。元《げん》は博多湾沿岸に上陸しようとしたが、暴風雨によって損害を受け、退いた（弘安《こうあん》の役《えき》）

1324年　後醍醐天皇《ごだいごてんのう》が側近の日野資朝《ひのすけとも》らと討幕を計画するが、失敗。資朝《すけとも》が佐渡《さど》（新潟県）に流される（正中《しょうちゅう》の変《へん》）

1331年　後醍醐天皇《ごだいごてんのう》が再度、討幕を計画するが失敗。天皇は翌年、隠岐《おき》に流される（元弘《げんこう》の変《へん》）

1333年　新田義貞《にったよしさだ》が鎌倉《かまくら》を攻める。北条高時《ほうじょうたかとき》が自刃《じじん》し、鎌倉幕府《かまくらばくふ》が滅びる
建武《けんむ》の新政《しんせい》始まる

1338年　足利尊氏《あしかがたかうじ》が征夷大将軍《せいいたいしょうぐん》になる

１３９２年	南朝と北朝が合体し、南北朝時代《なんぼくちょうじだい》が終わる
１４０２年	足利義満《あしかがよしみつ》が中国（明《みん》）から国書《こくしょ》（義満《よしみつ》を日本国王と呼ぶ）を受け取る
１４２８年	正長《しょうちょう》の徳政一揆《とくせいいっき》が起こる
１４６７年〜77年	応仁《おうにん》の乱《らん》が起こる
１４８８年	加賀《かが》の一向一揆《いっこういっき》が起こり、守護《しゅご》の富樫政親《とがしまさちか》が殺される
１４９３年	細川政元《ほそかわまさもと》が将軍《しょうぐん》の足利義稙《あしかがよしたね》を追いやり、足利義澄《あしかがよしずみ》を将軍にする
１４９５年	北条早雲《ほうじょうそううん》が大森藤頼《おおもりふじより》を追放し、小田原城《おだわらじょう》に入る
１５１６年	大内氏《おおうちし》が幕府《ばくふ》から日明貿易《にちみんぼうえき》の権利を認められる
１５２３年	大内氏《おおうちし》と細川氏《ほそかわし》が、日明貿易《にちみんぼうえき》の主導権をめぐり明《みん》の寧波《ニンポー》で争う（寧波《ニンポー》の乱《らん》）
１５４３年	ポルトガル人が種子島《たねがしま》（鹿児島県）に漂着し、鉄砲《てっぽう》を伝える
１５４７年	武田信玄《たけだしんげん》が分国法《ぶんこくほう》の「甲州法度之次第《こうしゅうはっとのしだい》」を制定する
１５４９年	フランシスコ・ザビエルがキリスト教の布教のため鹿児島に来る
１５５３年	武田信玄《たけだしんげん》と上杉謙信《うえすぎけんしん》の信濃《しなの》をめぐる「川中島《かわなかじま》の戦《たたか》い」が始まる（１５６４年まで5回戦った）
１５５５年	毛利元就《もうりもとなり》が、陶晴賢《すえはるかた》を厳島《いつくしま》の戦《たたか》いでやぶる
１５６０年	織田信長《おだのぶなが》が今川義元《いまがわよしもと》を桶狭間《おけはざま》の戦《たたか》いでやぶる
１５６８年	織田信長《おだのぶなが》が足利義昭《あしかがよしあき》とともに京都《きょうと》に入る

1570年	織田信長《おだのぶなが》・徳川家康《とくがわいえやす》の連合軍が、浅井長政《あざいながまさ》・朝倉義景《あさくらよしかげ》の連合軍をやぶる（姉川《あねがわ》の戦《たたか》い）
1571年	織田信長《おだのぶなが》が延暦寺《えんりゃくじ》を焼き打ちにする
1573年	足利義昭《あしかがよしあき》が将軍の座を追われ、室町幕府《むろまちばくふ》が滅びる
1575年	織田信長《おだのぶなが》・徳川家康《とくがわいえやす》の連合軍《れんごうぐん》が足軽鉄砲隊《あしがるてっぽうたい》の一斉射撃で、武田勝頼軍《たけだかつよりぐん》をやぶる（長篠《ながしの》の戦《たたか》い）
1576年	織田信長《おだのぶなが》が近江《おうみ》に安土城《あづちじょう》を築き始める
1577年	織田信長《おだのぶなが》が安土城《あづちじょう》の城下町を楽市《らくいち》・楽座《らくざ》にする
1582年	九州のキリシタン大名が、ローマに少年使節を派遣する（天正遣欧使節《てんしょうけんおうしせつ》）
	織田信長《おだのぶなが》が本能寺《ほんのうじ》の変《へん》で、明智光秀《あけちみつひで》におそわれ、自刃《じじん》する
	豊臣秀吉《とよとみひでよし》が山崎《やまざき》の戦いで、明智光秀《あけちみつひで》を討つ
	豊臣秀吉《とよとみひでよし》が山城《やましろ》で検地をおこなう
1585年	豊臣秀吉《とよとみひでよし》が関白《かんぱく》となる
1587年	豊臣秀吉《とよとみひでよし》がバテレン追放令を出す
1588年	豊臣秀吉《とよとみひでよし》が刀狩令《かたながりれい》を発する
1590年	豊臣秀吉《とよとみひでよし》が小田原《おだわら》の北条氏《ほうじょうし》を滅ぼし、奥州も平らげ、全国を統一する
1591年	茶道《さどう》の千利休《せんのりきゅう》が自刃《じじん》
1592年	豊臣秀吉《とよとみひでよし》が15万あまりの大軍を朝鮮《ちょうせん》に送る（文禄《ぶんろく》の役《えき》）

1597年	ふたたび14万の大軍を朝鮮《ちょうせん》に送る（慶長《けいちょう》の役《えき》）
1598年	豊臣秀吉《とよとみひでよし》が死に、朝鮮《ちょうせん》から撤退する
1600年	関ヶ原《せきがはら》の戦《たたか》いで徳川家康《とくがわいえやす》の東軍が石田三成《いしだみつなり》らの西軍をやぶる。「天下分け目の戦い」と呼ばれる オランダ船のリーフデ号が豊後《ぶんご》（大分県）に漂着する
1603年	徳川家康《とくがわいえやす》が征夷大将軍《せいいたいしょうぐん》となり、江戸幕府《えどばくふ》を開く
1604年	幕府《ばくふ》が糸割符制度《いとわっぷせいど》を始める
1609年	長崎《ながさき》の平戸《ひらど》でオランダとの貿易が始まる
1613年	幕府が全国にキリスト教禁止令を出して、宣教師を国外に追放する
1614年	徳川家康《とくがわいえやす》が大阪城《おおさかじょう》を攻める（大阪冬《おおさかふゆ》の陣《じん》）
1615年	家康《いえやす》が大阪城《おおさかじょう》を再び攻め、豊臣氏《とよとみし》を滅ぼす（大阪夏《おおさかなつ》の陣《じん》） 武家諸法度《ぶけしょはっと》、禁中並公家諸法度《きんちゅうならびにくげしょはっと》が制定《せいてい》される
1635年	参勤交代《さんきんこうたい》が制度化《せいどか》される 幕府《ばくふ》が日本人《じん》の海外渡航《かいがいとこう》、帰国を禁止する
1637年～38年	キリシタンと農民による島原《しまばら》・天草一揆《あまくさいっき》が起きる
1639年	ポルトガル船の来航を禁じ、翌年宗門改《しゅうもんあらため》役を置く

1641年　オランダ人を長崎《ながさき》の出島《でじま》に移し、鎖国《さこく》が完成する

1657年　江戸《えど》で死者10万人を超える火事が起こる（明暦《めいれき》の大火《たいか》）

1673年　市川団十郎《いちかわだんじゅうろう》が江戸《えど》で歌舞伎《かぶき》の荒事を始める

1685年　生類憐《しょうるいあわれ》みの令《れい》が発布される

1702年　松尾芭蕉《まつおばしょう》の『奥《おく》の細道《ほそみち》』が発行される

1717年　大岡忠相《おおおかただすけ》が江戸町奉行《えどまちぶぎょう》になる

1742年　裁判や刑の基準を定めた『公事方御定書《くじかたおさだめがき》』が出される

1772年　田沼意次《たぬまおきつぐ》が老中《ろうじゅう》になる

1774年　前野良沢《まえのりょうたく》、杉田玄白《すぎたげんぱく》が記した『解体新書《かいたいしんしょ》』が発行される

1783年　浅間山《あさまやま》が噴火《ふんか》し、天明《てんめい》の大飢饉《だいききん》が始まる

1787年　米の値段が上がり、江戸《えど》や大阪《おおさか》の庶民が暴動を起こす（天明《てんめい》の打《う》ちこわし）
松平定信《まつだいらさだのぶ》が老中筆頭《ろうじゅうひっとう》となり、倹約令を出す

1789年　幕府が棄捐令《きえんれい》を出し、旗本《はたもと》や御家人《ごけにん》の借金を破棄させる

1792年　ロシア使節のラクスマンが根室に来て通商を要求する

1830年　伊勢《いせ》おかげ参《まい》りが流行する

1860年　水戸、薩摩藩の浪士が、大老《たいろう》の井伊直弼《いいなおすけ》を暗殺する（桜田門外《さくらだもんがい》の変《へん》）

1862年　老中《ろうじゅう》の安藤信正《あんどうのぶまさ》が、浪士におそわれる（坂下門外《さかしたもんがい》の変《へん》）
寺田屋《てらだや》事件《じけん》、生麦《なまむぎ》事件《じけん》が起きる

1863年　薩摩藩《さつまはん》がイギリス艦隊と戦う（薩英戦争《さつえいせんそう》）

1864年　長州藩《ちょうしゅうはん》が京都で薩摩《さつま》・会津藩《あいづはん》と戦い、敗れる（禁門《きんもん》の変《へん》）
アメリカやイギリスなどの四国連合艦隊が下関を砲撃する

1866年　薩摩藩《さつまはん》と長州藩《ちょうしゅうはん》が同盟を結ぶ（薩長同盟《さっちょうどうめい》）

1867年　徳川慶喜《とくがわよしのぶ》が政権を朝廷に返し（大政奉還《たいせいほうかん》）、江戸幕府《えどばくふ》が終わる
王政復古《おうせいふっこ》の大号令《だいごうれい》が出される

1868年　鳥羽《とば》・伏見《ふしみ》の戦《たたか》いが起きる
明治天皇《めいじてんのう》が五箇条《ごかじょう》の御誓文《ごせいもん》を出《だ》す
元号《げんごう》が明治《めいじ》となる

1869年　藩主《はんしゅ》（大名《だいみょう》）が土地と人民を朝廷に返す（版籍奉還《はんせきほうかん》）
首都が京都から東京に

1870年　平民《へいみん》の苗字《みょうじ》（名字）が許される

1871年　藩《はん》をやめ、県《けん》が置かれる（廃藩置県《はいはんちけん》）
岩倉具視《いわくらともみ》らが欧米に派遣される

1872年
身分解放令《みぶんかいほうれい》が出される
飛脚制度《ひきゃくせいど》にかわる郵便事業《ゆうびんじぎょう》が始まる
官営の富岡製糸場《とみおかせいしじょう》が開業する
太陽暦《たいようれき》が採用される
新橋《しんばし》―横浜《よこはま》間《かん》に鉄道が開通する
学制《がくせい》が公布《こうふ》される

1873年
徴兵令《ちょうへいれい》が出《だ》される
キリスト教《きょう》が解禁される
新しい税の仕組みの地租改正《ちそかいせい》が定められる

1874年
「民撰議院設立《みんせんぎいんせつりつ》の建白書《けんぱくしょ》」が板垣退助《いたがきたいすけ》らによって出される

1875年
樺太《からふと》・千島交換条約《ちしまこうかんじょうやく》がロシアとの間で結ばれる

1877年
西郷隆盛《さいごうたかもり》らが西南戦争《せいなんせんそう》を起《お》こすが、政府軍に鎮圧される

1881年
国会開設《こっかいかいせつ》の勅諭《ちょくゆ》が出される
板垣退助《いたがきたいすけ》らが自由党《じゆうとう》をつくる

1882年
大隈重信《おおくましげのぶ》らが立憲改進党《りっけんかいしんとう》をつくる

1885年
内閣制度《ないかくせいど》ができ、伊藤博文《いとうひろぶみ》が初代の総理大臣になる

1889年	大《だい》日本帝国《ていこく》憲法《けんぽう》が発布される
1890年	第《だい》1回《かい》帝国《ていこく》議《ぎ》会《かい》が開かれる
1894年〜95年	日清戦争《にっしんせんそう》が起こる
1895年	下関条約《しものせきじょうやく》が結ばれるが、三国干渉《さんごくかんしょう》を受ける
1900年	中国《ちゅうごく》で義《ぎ》和《わ》団《だん》事件《じけん》が起こる
1902年	日英同盟《にちえいどうめい》が結ばれる
1904年〜05年	日露戦争《にちろせんそう》が起こる
1905年	ポーツマス条約《じょうやく》が結ばれる
1906年	南満州鉄道株式会社《みなみまんしゅうてつどうかぶしきがいしゃ》が設立される
1910年	韓国を併合する
1912年	明治天皇《めいじてんのう》が亡くなる
1914年〜18年	第《だい》1次《じ》世《せ》界大戦《かいたいせん》が起こる
1915年	中国に対し、二十一カ条の要求をする
1918年	不況が広がり、米騒動《こめそうどう》が起こる
1920年	国際連盟《こくさいれんめい》に正式に加盟する
1923年	関東大震災が起こる

1925年	ラジオ放送が始まる
1931年	満州事変《まんしゅうじへん》が起こる
1932年	満州国《まんしゅうこく》ができる。五・一五事件が起き、犬養毅首相《いぬかいつよししゅしょう》が殺される
1937年～45年	日中戦争《にっちゅうせんそう》が起こる
1941年～45年	太平洋戦争《たいへいようせんそう》が起こる
1945年	広島《ひろしま》と長崎《ながさき》に原爆が落とされる。日本がポツダム宣言を受諾する
1946年	日本国憲法が公布される
1950年～53年	朝鮮戦争が起こる
1951年	サンフランシスコ平和条約、日米安全保障条約が結ばれる
1956年	国際連合に加盟する
1964年	東海道新幹線・東京―大阪間開通。東京オリンピックが開かれる
1972年	沖縄が日本に返還される。日中の国交が正常化される
1989年	消費税が導入される
1995年	阪神・淡路大震災が起こる
2002年	小泉純一郎首相が北朝鮮首脳と会談。拉致被害者5人が帰国
2011年	東日本大震災が起こる。東京電力福島第一原発で放射能漏れ事故が起こる

著者　河合《かわい》 敦《あつし》

1965年、東京都生まれ。青山学院大学文学部史学科卒業。早稲田大学大学院博士課程（日本史専攻）単位取得満期退学。多摩大学客員教授。早稲田大学非常勤講師。長年、都立高校や私立高校で日本史を教えながら、執筆や講演活動をおこなってきた。テレビ「世界一受けたい授業」などにも出演。第17回郷土史研究賞優秀賞受賞、第6回NTTトーク大賞優秀賞を受賞。著書に『早わかり江戸時代』（日本実業出版社）、『目からウロコの日本史』（PHP研究所）、『教科書から消えた日本史』（光文社）、『河合敦先生の特別授業　日本史人物68』（朝日学生新聞社）など多数。

表紙・本文イラスト　さじろう　*Sajiro*

神奈川県在住。専門学校卒業後、都内デザイン会社にてグラフィックデザイナーとして音楽関係のグッズ、WEB、広告、ロゴ、CDジャケット、企画、企業ユニホームデザインなど幅広く経験。現在はイラストに重点をおいて活動中。
HPでは本書のイラストをカラーで掲載している（sajiro.amebaownd.com）。

編　　集　渡辺真理子
本文デザイン　松本菜月
編集協力　山本朝子（朝日学生新聞社）

テーマで歴史探検

2016年8月31日　初版第1刷発行
2019年6月30日　　　第2刷発行

発 行 者　植田幸司
発 行 所　朝日学生新聞社
〒104-8433　東京都中央区築地5-3-2　朝日新聞社新館9階
電話　03-3545-5436（出版部）
www.asagaku.jp（朝日学生新聞社の出版案内など）
印 刷 所　株式会社　光邦

ISBN 978-4-907150-89-1